POR QUE GOSTAMOS DE HISTÓRIA

Conselho Editorial
Ataliba Teixeira de Castilho
Carlos Eduardo Lins da Silva
José Luiz Fiorin
Magda Soares
Pedro Paulo Funari
Rosângela Doin de Almeida
Tania Regina de Luca

Proibida a reprodução total ou parcial em qualquer mídia
sem a autorização escrita da editora.
Os infratores estão sujeitos às penas da lei.

A Editora não é responsável pelo conteúdo da Obra,
com o qual não necessariamente concorda. O Autor conhece os fatos narrados,
pelos quais é responsável, assim como se responsabiliza pelos juízos emitidos.

Consulte nosso catálogo completo e últimos lançamentos em **www.editoracontexto.com.br**

JAIME PINSKY

POR QUE GOSTAMOS DE HISTÓRIA

editora**contexto**

Copyright © 2013 do Autor
Todos os direitos desta edição reservados à
Editora Contexto (Editora Pinsky Ltda.)

Capa
A Máquina de Ideias / Sergio Kon
Diagramação
Gustavo S. Vilas Boas
Preparação de textos
Vivian do Amaral Nunes
Revisão
Lilian Aquino

Dados Internacionais de Catalogação na Publicação (CIP)
(Câmara Brasileira do Livro, SP, Brasil)

Pinsky, Jaime, 1939-
   Por que gostamos de História / Jaime Pinsky. –
São Paulo : Contexto, 2013.

   Bibliografia.
   ISBN 978-85-7244-802-4

   1. Atualidade 2. Civilização 3. Cultura 4. História política
I. Título.

13-05572   CDD-909.82

Índice para catálogo sistemático:
1. Atualidades mundiais : História 909.82

2013

EDITORA CONTEXTO

Rua Dr. José Elias, 520 – Alto da Lapa
05083-030 – São Paulo – SP
PABX: (11) 3832 5838
contexto@editoracontexto.com.br
www.editoracontexto.com.br

Para Erik, Alex, Guilherme, Fernando e Thales,
que amam histórias e começam a gostar de História.

Sumário

Apresentação 11

História 17
    Por que gostamos de História? 19
    A hora e a vez da História 22
    Por uma História das mulheres 25
    Público e privado 28
    O fanatismo na História 31
    Infância, adolescência e lei 34
    Notícias de jornal 37
    Como furtar a História dos outros 40
    De heróis e de História 43
    Povos felizes não precisam de heróis 47
    História e memória na literatura 50
    A Segunda Guerra Mundial e os historiadores 53

Cultura 57
    Cultura oral, cultura escrita 59
    Nuca e a cultura brasileira 62
    Lá vai o Brasil, subindo a ladeira 65
    Vale a pena ver museus? 68
    Buscando o sentido das coisas 71
    Mamãe merece mais 74

Mundo 77
Um mundo sem nações? 79
O caráter das nações 82
Identidade nacional num mundo globalizado 85
Texas e Nova York 88
Queremos gostar de você, Obama 91
Espalhando o vírus da paz 94

Povos e Nações 97
Adivinhar o futuro 99
Da França, com inveja 102
Da Itália, com carinho 105
Os russos, além da vã política 108
Para onde vai o Egito? 111
A Líbia e a "primavera" árabe 114

Cotidiano 117
Nossas cidades, nossos espelhos 119
Senhores prefeitos, mãos à obra 122
Corruptos Anônimos 125
O fim do Natal? 128
Negro, mas com carinho 131
Politicamente incorreto 134
O macho tem futuro? 137
São Paulo, cidade nacional 139
A reconciliação necessária 142

Educação 145
O Japão não é aqui 147
A escola que queremos 150
Educação em tempos de crise 153
O novo papel do professor 156
Como melhorar o ensino no Brasil 159

BRASIL 163
  Brasil, o país do presente? 165
  Um deserto de cana 170
  Rasputins do cerrado 173
  Sobre poder e corrupção 176
  Sobre público e privado 179
  O Brasil em 2030 182
  Bons motivos para torcer pelo Brasil 185
  Como a política pode provocar retrocessos sociais ... 188
  Leis dos homens contra leis de Deus 191
  Marola na Ilha de Vera Cruz 194
  Tamas Vasary e o Brasil 197

FAMÍLIA 201
  Aprendendo a ler 203
  Meu pai, se me permitem 206
  Histórias de família 209
  A arte de ser pai 212
  De pais e de filhos 215

O AUTOR 221

Apresentação

As pessoas gostam de História, este é um fato. E buscam nela não os fatos em si, mas o significado humano que eles adquiriram. Este é um livro de História, escrito por um historiador. Com ele mostro algumas das muitas possibilidades que a profissão de historiador permite. A cultura histórica, a análise cuidadosa dos documentos e uma boa noção de processo histórico autorizam o profissional a lançar seu olhar em diversas direções e dar uma dimensão insuspeitada a temas e acontecimentos aparentemente corriqueiros, além de mostrar facetas não evidentes de questões de atualidade. Já se disse que não há nada mais distante do real do que a aparência do real. Isso significa que nem sempre o senso comum dá conta de explicar adequadamente uma situação política, um acontecimento social ou um fenômeno cultural.

Fatos históricos não se confundem com notícias de jornal, mesmo porque objetivos de jornalistas e historiadores são diferentes. Enquanto um deve registrar os acontecimentos, o outro vai se referir ao significado histórico deles. O fato de algum aconteci-mento ter recebido manchetes dos órgãos de imprensa e outro ser noticiado apenas em letras miúdas no corpo do jornal não implica relevância histórica do primeiro ou falta de importância do outro. A dimensão histórica é a dimensão humana que o acontecimento vier a adquirir.

O historiador pode colaborar na explicação de fatos por estar treinado para se dar conta da dimensão histórica dos acontecimen-tos. E, em determinadas situações, por que não, para fazer projeções. Afinal, como costumo brincar, equivocar-se nas previsões não pode ser privilégio dos bruxos e dos economistas.

Por terem sido escritos para um público não acadêmico, os ar-tigos que compõem este livro não têm preocupações com citações e referências bibliográficas, mas nada impede que se destinem ao ensino de História: mostram a abrangência temática que o histo-riador pode investigar, ensinam a evitar o presentismo (atitude anacrônica que faz com que se analise organizações sociais do pas-sado como se estivessem existindo hoje em dia), o dogmatismo (escolher, a partir de posições políticas, apenas os fatos que re-forçam uma posição predeterminada), insistem na utilização do patrimônio cultural da humanidade como referência, consideram a clareza uma virtude (ao contrário daqueles que acham que jar-gão profissional e a linguagem cifrada são virtudes) e explicitam a diferença entre seriedade (fundamental) e sisudez (defeito grave) na escrita.

Composto por textos elaborados ao longo destes últimos anos, este livro poderia parecer uma coletânea de artigos autônomos, au-toritariamente reunidos. Mas não é disso que se trata. Cada artigo foi selecionado cuidadosamente de um elenco de centenas e sofreu as alterações necessárias para merecer figurar aqui. Em alguns ca-sos mantive, propositalmente, a escrita original. Isto ocorre nos textos sobre Egito, a primavera árabe e o mensalão, por exemplo. Acho interessante verificar como o historiador pode prever acertadamente, graças aos instrumentos de análise e da cultura histórica de que dispõe.

Enfim, este livro é uma declaração de amor à História. Por meio dela tento entender (e explicar) questões internacionais e nacionais; problemas educacionais e culturais; preconceitos raciais e de gênero; é verdade que abordo com generosidade e carinho temas como família, mas sempre com a preocupação da historicidade. Talvez onde perca um pouco a objetividade seja na análise dos grandes problemas brasileiros, mas isso ocorre por conta de uma sensação de que o Brasil poderia ser muito mais do que é, se não fosse...

A História, afinal de contas, não é apenas aquilo que aconteceu, mas a maneira pela qual nos apropriamos disso. Ao estudarmos o passado, emitimos uma luz formada a partir de uma ótica atual. Nesse sentido, espero que o leitor possa apreciar e dialogar com este livro de História, cujos capítulos comento a seguir.

O capítulo **História** trata, evidentemente, da própria História, seus limites, possibilidades, aplicações. Discuto o mau uso que se costuma fazer dela, as afirmações levianas feitas em seu nome, a diferença entre notícia de jornal e fato histórico. Falo de heróis, de memória, de literatura, de fanatismo, de mulheres, de infância e adolescência e até de roubo da História.

Em **Cultura**, destaco a importância de se distinguir a cultura popular do entretenimento criado em escritórios e sustentados à base de inserção insistente na mídia. Reitero sobre o direito de todos terem acesso ao patrimônio cultural da humanidade, seja uma sinfonia de Beethoven, uma pintura de Van Gogh, um livro de Thomas Mann, ou obras de arte (apresentadas desdenhosamente como artesanato), como as esculturas de Nuca, de Tracunhaém (Pernambuco), Antônio Julião (Minas Gerais) ou Manoel da Marinheira (Alagoas).

Em **Mundo**, discuto sobre o caráter nacional (cada nação tem um diferente?). Falo da suposta hegemonia mundial dos EUA. Mostro os equívocos dos que contavam com o fim da divisão dos homens em nações, a partir da globalização. Escrevo ainda sobre as novas identidades nacionais que surgem com a maior circulação de pessoas pelo mundo, o desenvolvimento de uma língua franca e um sistema de comunicações que une cidadãos de todo o planeta.

Em **Povos e Nações**, o ponto de partida são alguns países que visitei e outros que estavam no noticiário. É importante verificar que, no caso dos artigos sobre Líbia e Egito, escrevi no calor da hora, prevendo a ascensão da Irmandade Muçulmana quando imprensa e analistas políticos "mostravam" a inconsistência numérica deste grupo e a impossibilidade de ele chegar ao poder. Recorro à História para falar de representações, de Ocidente e Oriente e de como o mundo muçulmano tem mudado ao longo do tempo.

Em **Cotidiano**, trato de representações e de micro-história: a cidade em que vivemos, o machismo, o Natal, a Justiça, o preconceito de cada dia, a correção política. Pequenas histórias não precisam, necessariamente, ser histórias sem importância: a partir de coisas que acontecem à nossa volta, é possível perceber processos bastante complexos. Em "A reconciliação necessária", por exemplo, o episódio do julgamento do mensalão é apresentado sob uma perspectiva de História do Brasil, e não sob uma ótica de luta político-partidária.

Em **Educação**, tema que abordo em vários outros livros, mostro que a baixa qualidade da educação formal no país não é casual, mas determinada pela vontade política – portanto facilmente reversível. *Escola pública de qualidade* contra *escola pública para todos* é um falso dilema. Os artigos provam como o olhar de historiador permite destruir mitos e acenar com a possibilidade concreta de uma escola republicana e democrática.

Em **Brasil**, fica evidente a profunda ligação emocional que tenho com o país. Amor, sem dúvida, mas não amor cego: Poder e corrupção, público e privado, futebol e música clássica, aborto e cana-de-açúcar, tudo isso é abordado por vezes com cáusticos toques de ironia, mas sempre de uma perspectiva de historiador. Vale a pena ler "Rasputins do cerrado", escrito por ocasião da eclosão do mensalão e compará-lo com "A reconciliação necessária", no capítulo sobre Cotidiano.

Família termina o livro de forma mais amena, mas não sem objetivos bem definidos: o primeiro, mostrar como o tema pode e deve ter importância para o historiador e o professor de História. Tratar de família deve ser algo mais do que trazer fotos de pais e avós para a sala de aula e dizer onde cada um nasceu: é importante dar historicidade aos eventos, compreender a família de um ponto de vista histórico, não genealógico. Depois, é importante notar que a linguagem afetiva (não piegas) não entra em contradição com a analítica.

HISTÓRIA

A História não é como a estatística
que, devidamente manipulada,
diz o que queremos.
Mesmo assim há quem insista
em torturá-la, exigindo que ela
confesse crimes que não cometeu.

Por que gostamos de História?

Para um historiador é sempre agradável constatar a simpatia com que as pessoas comentam sua atividade: "Puxa, se eu não fizesse Medicina, faria História", ou "adoro livros de História", ou "eu adorava as aulas de História no colégio", e ainda "deve ser gostoso fazer pesquisa histórica". Claro, pode ser que as gentes estejam apenas querendo agradar ao exercerem a proverbial cordialidade brasileira. Contudo, convenhamos, fica difícil imaginar as frases equivalentes dirigidas a profissionais como, por exemplo, economistas, advogados ou dentistas. De modo que tendo a acreditar na sinceridade dos brasileiros nesse particular, mesmo porque a declaração de amor à História vem respaldada por números muito expressivos de venda de livros da área, escritos ou não por historiadores de ofício. Se acrescentarmos às obras especificamente históricas os romances históricos, as biografias e, ainda, a "militária" (livros sobre estratégias, guerras e guerreiros), veremos que o setor é muito querido e repete por aqui o sucesso que tem conquistado em muitos outros países.

Dois motivos parecem explicar a popularidade dos livros de História. O primeiro é que temos enorme curiosidade em saber de onde viemos, onde estão nossas raízes familiares, étnicas, nacionais, culturais. Visitar e compreender o passado é uma tentativa de nos entendermos melhor, de buscar – nem sempre com sucesso – explicações sobre o aqui e agora. "Sou assim porque tenho sangue espanhol", ou "é tradição entre os mediterrâneos valorizar mais o filho homem", ou ainda "somos os herdeiros do povo do livro" são constatações de caráter supostamente histórico que teriam por função nos situar como agentes históricos. O mundo ocidental tem, no mínimo, sérias dúvidas sobre uma suposta vida depois da morte, desistiu de responder a uma das inquietações vitais do ser humano: "para onde vou?" Resta-lhe o consolo de, pelo menos, tentar explicar de onde vem...

O outro motivo é explicado, ou melhor, foi explicado pelo dramaturgo grego Sófocles, há 25 séculos. Ele dizia que, de todas as maravilhas do mundo, o homem é a mais interessante para os próprios seres humanos. De fato, nós nos percebemos espelhando-nos nos outros: ao utilizar o próximo como referência é que podemos medir nossa inteligência ou estultice, nossa beleza ou falta de graça, nossa habilidade ou falta de jeito. Olhar e ver outros seres humanos, verificar como estão vivendo, como se organizam socialmente, quais os tabus que respeitam, qual o papel que desempenham os velhos, as crianças, as mulheres em diferentes sociedades, tudo isso nos fascina. Será que aquele povo encontrou uma forma política mais eficiente que a nossa? Quem sabe aquele outro achou deuses mais benevolentes e eficazes que os nossos? Adoramos civilizações antigas, devoramos livros sobre egípcios (de então, não de agora), gregos (idem), hebreus, romanos (idem, idem). Por vezes, até o leitor se atrapalha e confunde povos que de fato existiram e sobre os quais temos provas documentais com outros que se originam da imaginação de espertalhões.

Além de tudo, os bons livros de História têm uma... história. As narrativas, os processos, estabelecem conexão entre os episódios. Desde a infância, gostamos de boas histórias; por que não gostar daquelas, por assim dizer, verdadeiras?

Claro que o mundo está cheio de falsos historiadores (dentro e fora da universidade), aqueles que partem de uma tese pronta e vão buscar apenas os argumentos que a comprovam, rejeitando, no processo investigativo, todos os documentos que poderiam contradizer seu ponto de partida. É aquela história de "se os fatos negarem minha teoria, pior para os fatos". Por meio de manipulação do acontecido pode-se provar qualquer coisa e até o contrário dessa coisa. Esse método tem sido muito usado para se "provar" superioridade nacional, racial e de gênero. Tem sido usado para se "provar" direitos territoriais. Tem sido usado para desqualificar e mesmo ridicularizar heróis, desde que não sejam os "nossos". Daí a necessidade de os leitores, amantes da História, tomarem certas precauções com relação à origem das "verdades" que encontram e reproduzem. A internet, assim, genérica, não é fonte. Mesmo quando os textos são apresentados com assinaturas que parecem confiáveis. Não apenas nossos textos são apropriados indevidamente na web, como as pessoas nos atribuem afirmações que nunca fizemos. Operar uma crítica de fontes é, pois, fundamental.

De resto, nada como se assegurar da formação do suposto historiador. Não, não é preciso fazer curso de História para publicar livros, mas é preciso ser rigoroso no que se pesquisa e responsável no que se escreve para ser confiável. Do contrário, serão apenas histórias da carochinha.

A hora e a vez da História

A História é a bola da vez. As grandes livrarias destinam algumas das melhores estantes e balcões a livros de História. Romances históricos estão entre os *best-sellers* no mundo todo. Revistas destinadas à História, sejam científicas ou de divulgação, têm cada vez mais sucesso. Até esportistas nos Jogos Olímpicos deixaram de "bater recordes" e passaram a "fazer história" na inadequada, mas sintomática expressão dos locutores esportivos.

O historiador está sendo cada vez mais valorizado. A informática e a internet facilitaram imensamente a parte mecânica do trabalho de investigação, uma vez que arquivos digitais podem ser acessados de qualquer lugar. Profissionais da História são chamados para explicar o mundo na mídia. Já há historiadores trabalhando com planejamento urbano, com projetos turísticos, como consultores editoriais e empresariais. Ao mesmo tempo em que isto ocorre, e de maneira contraditória, há um movimento em escolas, principalmente no ensino médio, que, no limite, tende a substituir o ensino de História por alguma outra coisa que poderia, com boa vontade, ser chamada de "realidade mundial". Muitos professores têm abandonado tudo que aconteceu antes do século XIX, alegando não ser possível "dar tudo", daí terem de se concentrar no passado mais próximo, em detrimento do remoto. Claro que uma parte da responsabilidade disso cabe aos diretores (e, talvez, à própria sociedade), que a partir de um altamente discutível pragmatismo de caráter neoliberal diminuíram drasticamente o número de aulas de História. Eu não pouparia, contudo, muitos colegas que, em nome de um suposto "ensino crítico", acabam alienando seus próprios alunos ao não lhes dar oportunidade de adquirir uma visão mais abrangente de História.

De fato, em troca de informações de jornal (antes fosse de jornais; geralmente são informações "de internet", sem paternidade ou de paternidade duvidosa), cuja relevância ainda está para se firmar, não se ensina nada de processo civilizatório, nada de monoteísmo ético dos hebreus (base do cristianismo), nada de filósofos gregos (base do pensamento ocidental), nada de direito romano (base do nosso), nada de Europa medieval, de Renascimento, de mercantilismo e Descobrimentos, nada de Bach e Mozart, de Dante e Camões. Os professores acabam abrindo mão de conhecimentos fundamentais em troca de informações de importância duvidosa. Informações buscadas sem cuidado e consumidas rapidamente, que não deixam uma marca. E, mais grave, os professores desistem de buscar uma aproximação (e identificação) dos seus alunos com o patrimônio cultural da humanidade. E qual é o papel do mestre senão estabelecer uma articulação entre o patrimônio cultural da humanidade e o universo cultural do aluno?

Ora, a presença do homem civilizado neste planeta tem poucos milhares de anos, durante os quais tem causado terríveis males: destruímos sem dó a natureza, submetemos os mais fracos, matamos por atacado e a varejo, deixamos um terço da população mundial com fome, exterminamos índios, causamos a morte de muitas civilizações e a desaparição de um sem-número de línguas. Mas, diga-se a nosso favor, não é só isso que fazemos. Escrevemos poesia sublime, peças de teatro envolventes e romances maravilhosos. Criamos deuses e categorias complexas de pensamento: tentamos compreender o que nos cerca, investigamos o universo e o átomo. O professor de História não pode ficar preso apenas a modos de produção e de opressão (embora isso seja fundamental). Pode (e deve) mostrar que tivemos a capacidade, graças à cultura que produzimos, de nos vestir melhor que os ursos, de construir casas mais seguras que o joão-de-barro, de combater com mais eficiência que o tigre, embora cada um de nós, seres humanos, tenha vindo ao mundo desprovido de pelos espessos, asas ou garras. Cada estudante precisa se perceber, de fato, como sujeito histórico, e isso não se consegue apenas com histórias de família, do bairro, ou da cidade. Nós nos sentimos agentes históricos quando nos damos conta dos esforços que nossos antepassados fizeram para atingirmos o estágio civilizatório a que chegamos. Para o mal, mas também para o bem.

A aceleração do tempo histórico está deixando claro que devemos estar preparados para ocupar um espaço na sociedade globalizada. A percepção do conjunto de movimentos que estão sendo executados no mundo exige, por parte dos nossos jovens, uma cultura que vai além da técnica.

História neles.

Por uma História das mulheres

Pobre do professor que ainda tem a ilusão de informar os alunos. Num momento histórico em que jornais, revistas, rádio, TV e internet são acessíveis a qualquer pessoa, o monopólio informativo da escola deixou de existir. Cada criança ou jovem pode buscar sozinho as notícias que deseja, quando e onde deseja. Isso quer dizer que não há mais lugar para os mestres, que as escolas não têm mais função social, como querem alguns?

De jeito nenhum. Ao professor continua cabendo a tarefa de transformar informações em conhecimento, por meio de uma ordenação do conjunto de estímulos que o educando recebe. E, para isso, não adianta o mestre se ater aos fatos de conhecimento do aluno. Para ser professor mesmo, ele precisa ter boa formação teórica para esclarecer, estabelecer hierarquias no processo de informações que desabam sobre seus alunos. O mestre tem que conhecer História, particularmente, para ter noção de processo: ele não pode correr o risco de superestimar algo hoje alardeado pela mídia (e que poderá não ter importância alguma amanhã) e, por outro lado, deixar de perceber movimentos mais sutis que passam batido pelo noticiário.

Para o narrador esportivo, por exemplo, um jogador "faz História" ao ser o primeiro a marcar três gols contra determinado adversário, mas a presença das mulheres na condição de árbitros e bandeirinhas de um jogo pode não passar de algo apenas "curioso". Na verdade, isso denota enorme avanço na percepção (representação) que a sociedade tem sobre a relação do futebol com o machismo e com as mulheres nestas nossas plagas latinas.

A luta por uma sociedade com menos preconceitos passa, portanto, por uma constatação e por uma análise sistemática dos avanços da cidadania, dos instrumentos utilizados para promover tais avanços, pelas barreiras superadas, assim como pelos problemas ainda não vencidos (que não são poucos), pelas alianças táticas ou estratégicas a serem estabelecidas. O que estou querendo dizer é que o processo educativo tem que ser coerente, ter objetivos claros, sejam os imediatos, sejam os estruturais: sala de aula não é salão de beleza ou cadeira de barbeiro, onde podemos "achar" à vontade, sem compromisso. Não é também (e isso é falta de decoro magistral, que deveria ser punido com a cassação do direito de lecionar) palanque político. O professor tem que ter a consciência de que nada substitui uma boa formação e um compromisso com o educando. Bem formado, ele terá condições de analisar questões atuais valendo-se de uma metodologia ampla, escapando do risco de apresentar uma visão de mundo fragmentada e inconsequente.

Só para exemplificar, valeria a pena estudar um pouco a questão de um crime que abalou a cidade de Piracicaba, no interior de São Paulo. Os fatos são os seguintes: a mulher (Edilene) de um importante usineiro da cidade (João Marcelo) separou-se dele há um ano e meio (após um longo casamento) e lutava na Justiça pela divisão de bens, por sinal vultosos. Ele perseguiu a ex-mulher até a casa da irmã dela, onde iniciou o massacre que culminou com a morte de Edilene, da cunhada Delci e em ferimentos graves na sobrinha, Tatiana. Segundo o *Estadão* de 5 de março de 2006, em excelente reportagem de Angélica Santa Cruz, o criminoso conta com ampla "compreensão" dos meios policiais da cidade ("o cara trabalha para construir um patrimônio e depois tem que dividir com a mulher que já está com outro... eu entendo", teria dito um investigador).

O caso é impressionante, e o empenho de certos setores da cidade em justificar o crime é sintomático de uma mentalidade retrógrada e inaceitável nos nossos dias. Os chamados crimes de amor não passam, geralmente, de crimes por dinheiro (como o caso acima), de crimes por propriedade ameaçada (tem muito homem que ainda acha que é dono da mulher), de crimes por machismo, essa doença infantil de homens impotentes. Entender casos como esse, dentro do processo de avanço dos direitos das chamadas minorias, implica estudar as mulheres em sua dimensão histórica e dar sentido a um crime que, mesmo sendo, aparentemente, apenas o caso de uma família, pode trazer grandes ensinamentos. Uma boa História das mulheres e uma boa História da cidadania podem dar dimensão mais ampla às aulas que um bom professor ministraria a partir dessa tragédia.

Público e privado

Desde que se organizaram em sociedades e superaram o tribalismo, os homens sempre se preocuparam em determinar o que era público e o que era privado. Dirigentes, sacerdotes e líderes militares, geralmente louvados pelos cronistas do seu tempo, nem sempre são representados positivamente quando se apropriam ou tentam se apropriar do que é de todos. Uma leitura atenta da própria Bíblia (no caso, o livro de Reis) vai nos mostrar o rei Davi, há 30 séculos, sendo repreendido pelos profetas por ter se apropriado da mulher de um seu general; uma leitura dos livros dos profetas nos revela outros líderes hebreus condenados por gastos excessivos consigo mesmos e seus familiares enquanto a população passava fome e não tinha vestes adequadas. Em Atenas, cabia ao conjunto de cidadãos livres definirem, em praça pública, os gastos de seus dirigentes que, de resto, não podiam eternizar-se no poder. Na Idade Média Ocidental, há um verdadeiro retrocesso (e não só nesta área). Os senhores todo-poderosos, assim como os papas e os reis, não davam satisfação para ninguém e criavam impostos e taxas conforme os gastos que tinham, já que, segundo eles, aos camponeses, artesãos e comerciantes cabia trabalhar e sustentar a todos, de preferência sem queixas.

O longo desenvolvimento do capitalismo na Europa vai provocar uma batalha entre as forças progressistas e os retrógrados nobres, proprietários de terra e de títulos. Instrumentos criados para frear o livre-cambismo moderno tiveram sucesso em alguns lugares, como Portugal e Espanha. Não por acaso, a Holanda e, principalmente, a Inglaterra substituem essas ex-potências e promovem uma virada econômica e social que mostraria um mundo novo, com mais oportunidades, às pessoas, independentemente de seu nascimento. Não por acaso, também, são países em que rapidamente se estabeleceu uma distância entre o público e o privado, seja por meio de documentos oficiais, seja pela prática cotidiana (o direito consuetudinário). A eficiência, necessária ao capitalismo, era incompatível com um esquema patrimonialista que vigorava até então. A meritocracia deveria substituir a colocação de amigos em quadros-chave, a qualificação das pessoas deveria superar a esperteza e o círculo de amizade.

A Revolução Francesa não vai apenas definir com clareza os direitos humanos, romper barreiras pré-econômicas, estabelecer a necessidade de constituições escritas, emancipar mulheres e minorias étnicas, adequar as leis às novas necessidades de uma sociedade burguesa: vai, também, exigir com clareza a separação entre o público e o privado. Dirigir não deveria mais significar ter o direito de fazer o que quiser e de se apropriar do que se tem vontade. Pelo trabalho, o indivíduo deveria ser adequadamente remunerado; para representar corretamente as funções públicas, mesmo não sendo pessoa de posses, precisaria de uma verba, não por acaso, chamada "de representação"; não poderia, em hipótese alguma, se apropriar do que não era seu, mas da coletividade – exatamente das pessoas que o escolheram para cuidar do que é público.

O síndico de um prédio que combina a pintura externa do edifício e exige (como "prêmio" por ter escolhido uma determinada empresa) a pintura gratuita da sala da sua casa é um bom e claro exemplo de corrupção, de como não se deve gerir o bem público. Parece, contudo, que comportamento equivalente ocorre com governantes quando contratam empreiteiras para construir viadutos e pontes, ou mesmo asfaltar as ruas da cidade (será por isso que o asfalto no Brasil dura tão pouco, ao contrário de cidades como Nova York, onde a oscilação anual de temperatura chega a quase 50 graus?). Enfiar amigos e correligionários em estatais, tornando-as menos eficientes, mas resolvendo problemas de cabos eleitorais e doadores de campanha, vem sendo uma atitude normal, tanto no legislativo como no executivo. Pagar viagens de terceiros, não importa se namoradas, filhas ou esposas (até sogras!) com dinheiro público é simplesmente um escândalo, uma volta no tempo e uma âncora que dificulta o crescimento do país. Mas é uma prática recorrente.

Claro que ministros, deputados, senadores, assim como prefeitos, governadores e o próprio presidente da República precisam ter condições para desempenhar as suas funções. Mas não é possível que continuem agindo como se tivessem sido autorizados por nós, o povo, a gastar nosso dinheiro da forma que bem entenderem, como se fosse seu.

O tempo dos faraós já passou. O dos reis absolutos também. Não se trata de "simples" corrupção, como querem alguns. Trata-se de atirar o país em um passado em que não nos interessa viver.

O fanatismo na História

Em coautoria com Carla Bassanezi Pinsky

Fanático, termo cunhado no século XVIII, denomina pessoas consideradas partidárias extremistas, exaltadas e acríticas de uma causa. O que identifica o fanático é a certeza absoluta e incontestável que ele tem a respeito de suas verdades e isto pode representar um grande perigo para os outros. Ao se pretender detentor de uma verdade supostamente revelada especialmente para ele pelo seu deus, o fanático não tem como aceitar discussões ou questionamentos racionais com relação àquilo que apresenta como seu conhecimento; a origem divina de suas certezas não permite que argumentos apresentados por simples mortais se contraponham aos seus. Pode-se argumentar que as palavras de Hitler ou as de Mao mobilizaram fanáticos tão convictos como os religiosos e não tinham origem divina. Ora, de certa forma, esses líderes eram cultuados como deuses e suas palavras não podiam ser objeto de contestação, do mesmo modo que ocorre com qualquer conhecimento de origem especificamente religiosa. A irracionalidade é, portanto, condição essencial do fanatismo. Ao se sentar para debater ideias, de forma receptiva, o indivíduo mostrará que não faz parte de um grupo de fanáticos.

É possível estudar as manifestações de fanatismo na história, inclusive em períodos anteriores à Era Moderna, sem incorrer em anacronismos, se procurarmos compreender o fenômeno lançando mão de uma cuidadosa investigação histórica. Como se sabe, o olhar que lançamos sobre o acontecido é, necessariamente, o de alguém que vive numa determinada época, em um determinado lugar, e é fruto das contingências decorrentes dessas determinações. Assim, ao estudar a história de séculos passados (a partir de nossa perspectiva do século XXI) podemos identificar, em vários contextos, sinais de fanatismo (mesmo que o termo ainda não existisse na época). Afinal, a irracionalidade e a existência das tais supostas verdades reveladas não são coisa recente...

Sistematizamos um conjunto de manifestações de fanatismo baseadas em quatro grandes categorias de justificativas ideológicas adotadas pelos fanáticos: as religiosas, as racistas, as políticas e as "esportivas".

A religião serviu e serve como explicação/pretexto para perseguições, torturas e assassinatos em diversos momentos da história, dos cruzados medievais aos fundamentalistas do século XXI. Afinal, sob o pretexto de ordens emanadas pelo próprio e verdadeiro (na concepção deles) deus, qualquer crime se justifica...

O racismo (contra negros, semitas, orientais, etnias minoritárias) provocou e provoca muitas humilhações e derramamento de sangue. Violência e escravidão têm sido instrumentos de fanáticos em diferentes sociedades contra raças supostamente inferiores. Em pleno século XX, o fanatismo atingiu importantes setores do povo alemão que se deixou seduzir pelo nazismo: pessoas eram confinadas em campos de extermínio, onde foram escravizadas, torturadas e mortas, por uma suposta inferioridade racial congênita. As manifestações mais conhecidas de fanatismo racista são as atividades da Ku Klux Klan, do nazismo e do famigerado e atuante neonazismo.

A política foi e é desculpa para inúmeras violências contra opositores, manifestações agressivas de chauvinismo, opressão e terrorismos – a partir de "verdades definitivas" tão diversas como a comunista, a imperial, a libertária, a do "mundo livre", a nacionalista. O fanatismo político é facilmente identificável nos expurgos stalinistas, na ação camicase, no macarthismo, na Revolução Cultural da China e no terror com finalidades políticas. Fanáticos políticos têm horror a debates de ideias, preferem fazer os adversários se calar.

E torcer no futebol surge como o mais novo fundamento para atitudes antissociais e violências, não só contra simpatizantes dos times "inimigos", mas também contra determinados grupos étnicos, mulheres, homossexuais e migrantes. Os *hooligans* e os membros das torcidas organizadas no Brasil são, evidentemente, sujeitos fanáticos. Com certa constância verificamos agressões seguidas de morte nos embates entre torcedores. É claro que no futebol há fanáticos e fanáticos. O torcedor que se senta em sua poltrona predileta acompanhado de um balde de pipoca e uma bebida, liga a TV, grita contra o juiz, reclama do técnico de sua equipe, quer a expulsão do zagueiro adversário e acha justificável a falta violenta da defesa do seu clube pode ser um chato, mas não é um fanático, uma vez que sua atividade não coloca a vida de ninguém em risco.

O machismo (misoginia, homofobia) – motivação para violências específicas contra mulheres e homossexuais – aparece no interior de várias formas que assumem as justificativas acima mencionadas.

Num tempo de perplexidade, em que olhamos para as conquistas da humanidade, por um lado, mas vemos, por outro, os homens exibindo sua face mais cruel, é muito importante analisar várias das diferentes faces que o fanatismo adquiriu ao longo do tempo e em contextos distintos. Numa época de homens-bomba, atentados terroristas, manifestações racistas, ações extremistas, pensar o fanatismo é atual, relevante e urgente.

33

Infância, adolescência e lei

É inimaginável uma sociedade sem crianças. Se ao longo da história tivesse havido alguma, ela se extinguiria naturalmente. Constatado isto, nos perguntamos como teriam os grupos sociais organizados se comportado com relação aos seus filhos. Não é difícil registrar uma série de práticas sociais comuns, em qualquer tempo e lugar, com relação às suas crianças: elas sempre precisaram receber alguma preparação para o estágio adulto; também necessitavam aprender a lidar com determinadas emoções, como raiva ou medo, de forma socialmente aceitável.

Sempre e em toda parte, em vista do longo período de fragilidade da espécie humana na infância, crianças pequenas solicitam atenção especial no que se refere à alimentação e aos cuidados físicos. Doenças infantis, sua prevenção, assim como os possíveis acidentes são preocupações dos pais desde os tempos mais remotos até os dias de hoje. Algum tipo de socialização para os papéis de gênero (menino diferente de menina) tem sido parte inevitável do processo de lidar com a infância, mesmo nos mais igualitários cenários contemporâneos. Como se vê, a lista de características básicas comuns é longa.

Por outro lado, a infância pode apresentar variações impressionantes, de uma sociedade para outra, de um tempo a outro. Algumas admitem o trabalho da maior parte das crianças pequenas, e com frequência, de forma pesada. Outras ficam chocadas com esse tipo de violação da inocência e vulnerabilidade infantis. Para algumas sociedades, as crianças deveriam ser felizes. Para outras, embora não defendendo infâncias infelizes, essa preocupação parece estranha. Algumas sociedades acham os bebês encantadores, outras os comparam aos animais. Algumas sociedades aplicam rotineiramente disciplina física nas crianças, outras ficam chocadas com isso: índios americanos, no século XVII, ficavam horrorizados com as surras que os imigrantes europeus davam nos filhos.

Pode-se arriscar a dizer que tudo o que há de comum no trato das crianças através dos tempos e dos lugares tem a ver com a própria natureza da infância, e o que há de específico tem caráter histórico. Não podemos, quando estudamos o assunto, considerar simplesmente natural a forma pela qual crianças são percebidas e tratadas nas diferentes sociedades em diferentes épocas: isto simplesmente não faria sentido.

A historicidade da infância não é tão difícil de constatar: basta recordarmos, por exemplo, que pouco tempo atrás era frequente, em nosso país, as famílias mais ricas do interior pegarem uma ou mais meninas pobres supostamente "para criar". Na verdade, a garota era uma criada barata, quase uma escrava, com funções de empregada doméstica e até de parceira sexual na iniciação dos filhos homens do casal abonado. A diferença social e cultural definia diferentes papéis das crianças – de um lado os filhos legítimos, de outro as filhas de "criação". Hoje, concepções e práticas desse tipo são consideradas inaceitáveis, embora em rincões ainda ocorram.

A diferença entre a sociedade rural e a urbana também alterou bastante a relação entre pais e filhos. No campo, os filhos iam trabalhar com os pais, seja na terra, seja em atividades domésticas, e eram educados pelos mais velhos para exercer funções como a de arar, plantar, colher, ou buscar água, fazer comida, arrumar a casa. Já em nossas cidades, grande parte dos pais abandonou seu papel de educador terceirizando totalmente essa tarefa. É comum encontrarmos pais arrogantes interrogando professores sobre o comportamento de seus filhos, que, ainda novos, simplesmente reproduzem atitudes do papai ricaço. O professor é visto não como um educador, mas como um empregado supostamente bem pago e que deve satisfação aos omissos progenitores. Desvalorizado, o mestre desmotivado não se atualiza e o círculo vicioso da má educação se alimenta.

A desaparição dos jogos e brincadeiras infantis e a sexualização precoce das crianças está apontando para a desaparição da infância como ela foi concebida durante séculos. Quanto aos adolescentes, então, o movimento é evidente. Será que, de fato, garotos e garotas de 16 anos são tão ingênuos, desinformados e desprotegidos nos dias de hoje como nossa legislação, tanto permissiva quanto punitiva imagina? É claro que crianças precisam ser mais bem protegidas contra pais violentos, vizinhos tarados ou padres pedófilos. Mas parece caminhar contra o sentido da história e dos costumes a construção de um arcabouço moral e legislativo a partir de uma concepção arcaica de infância e, principalmente, da adolescência.

Notícias de jornal

A diferença entre uma notícia de jornal e um acontecimento histórico é a relevância que um fato ganha ao longo do tempo. É quase risível a afirmação de narradores de rádio e TV quando garantem que tal ou qual atleta fez história, como se um simples recorde batido, por mais impactante que tenha sido, pudesse se constituir em fato histórico por determinação dos locutores esportivos.

Por outro lado, uma pequena nota, em corpo pequeno, no interior de um jornal, como aquela que anunciava o aparecimento da pílula anticoncepcional, pode vir a ter (como de fato teve) uma importância imensa no comportamento das mulheres e nas relações entre homens e mulheres, alterando valores, atitudes e práticas de todos os membros da sociedade humana nas décadas seguintes. Ou seja, grandes manchetes ou anúncios pomposos da mídia não significam, nem de longe, eventos históricos equivalentes.

Isso não diminui a importância da imprensa, apenas a qualifica. A missão de informar, da maneira mais completa possível, é fundamental como registro do que está acontecendo. Mesmo não cabendo ao jornalista a incumbência de determinar o que é e o que não é um fato significativo na história da civilização, seu compromisso com o leitor exige que produza matérias sérias, bem construídas e, antes de tudo, dignas. De resto, não se deve esquecer que jornais são fontes privilegiadas para historiadores, quando de suas pesquisas.

Para que a dignidade do registro não fique comprometida, o jornalista não pode reproduzir acriticamente *releases* de empresas, governos, ONGs, órgãos de classe e demais materiais produzidos por assessores de imprensa. Esse material pode ser ponto de partida para a elaboração da matéria, nunca ponto de chegada. E a prova de que esses *releases* são utilizados com muita frequência se evidencia em diversas matérias publicadas nos jornais não só com a mesma informação, ou orientação, mas até mesmo com a mesma redação. Copiar e colar é um comodismo que não condiz com o compromisso com a verdade.

Exemplo recente disto? Um conhecido e respeitado jornal da capital paulista, no início de 2011, estampava o resultado de uma pesquisa realizada pela fundação Perseu Abramo, segundo a qual teria havido, de alguns anos para cá, uma queda no número de mulheres agredidas por seus parceiros: "apenas" cinco a cada dois minutos, contra oito nos mesmos dois minutos, em pesquisa realizada anos atrás. O jornal ainda "informava" que um dos principais motivos das agressões era "o ciúme".

Não conheço a pesquisa, mas mesmo que esta tenha apontado o ciúme como uma das principais razões das agressões, não é difícil entender que ciúme não mata nem agride, o que mata e agride é o sentimento de propriedade que muitos homens ainda têm com relação às suas esposas, companheiras ou namoradas (algo que se estende a muitas ex-esposas, ex-companheiras e ex-namoradas).

Um jornalista (e um editor?) um pouco mais cuidadoso diria, no mínimo, que ciúme foi o motivo **alegado** pelos agressores, o que muda muito, não é? Se o número de mulheres agredidas baixou, será que o sentimento de ciúmes teria baixado ou a sociedade está tendo sucesso em reprimir a violência, ou ainda, será que, finalmente, uma parcela de homens está percebendo que relações homem-mulher não podem mais ser baseadas em sentimentos e manifestações de posse? Mesmo assim, fazendo uma simples continha "de vezes", continuamos tendo no Brasil cerca de 1 milhão e meio de mulheres agredidas por ano! Mas nada disso parecia relevante para o jornal.

O historiador, necessariamente, deve lidar com esses dados (de fontes primárias e devidamente checados) dentro de uma perspectiva mais ampla da relação homem-mulher na história. Trabalhando com séries de dados confiáveis poderá entender o que se passou e, talvez, perceber tendências. E arriscar. Afinal, não só os economistas têm o direito de errar sobre o futuro.

Como furtar a História dos outros

Se o Ocidente tivesse levado Jack Goody a sério, teria entendido melhor o desenvolvimento supostamente inexplicável da China, assim como o surgimento dos tigres asiáticos e do próprio milagre japonês. O mundo não se resume à Europa e aos países de colonização europeia. Óbvio? Agora, sim. É fácil ser profeta do passado. Mas, se as pessoas ouvissem um pouco mais os historiadores e cientistas sociais e levassem um pouco menos a sério os analistas de conjuntura, sejam eles quem forem, a história não nos pegaria tão desprevenidos. Mas vamos a Goody.

Considerado um dos maiores antropólogos da civilização vivos, reconhecido no mundo inteiro, ainda é pouco conhecido no Brasil, embora seja tido como uma espécie de Hobsbawm da Antropologia, tanto pela profundidade e coragem de suas análises quanto pela iconoclastia de suas posições, ou, ainda, pelo fato de se assumir como intelectual público.

Pesquisador cuidadoso, dono de erudição extraordinária, acumulada em quase 90 anos de vida, Goody tem uma obra variada e muito respeitada. Transita por temas tão distintos como a família, o feminismo, a cozinha, a cultura das flores, o contraste entre cultura ocidental e oriental, até o impacto da escrita em diferentes sociedades. Seu livro *O roubo da História* é uma espécie de síntese e revisão de suas pesquisas e pensamento. Em suas páginas, ele faz uma crítica contundente a tudo aquilo que considera viés ocidentalizado e etnocêntrico, difundido pela historiografia ocidental e o consequente roubo, perpetrado pelo Ocidente, das conquistas das outras culturas. Goody não discute apenas invenções como pólvora, bússola, papel ou macarrão, mas também valores como democracia, capitalismo, individualismo e até amor. Para ele, nós, ocidentais, nos apropriamos de tudo, sem nenhum pudor. Sem dar o devido crédito.

Não reconhecer as qualidades do outro é o melhor caminho para não se dar conta do potencial dele. Até no esporte apregoa-se que não se deve subestimar o adversário. E Goody percebe certo desprezo pelo Oriente, que já custou e pode ainda custar mais caro ao mundo ocidental. Assim, ele acusa teóricos fundamentais, como Marx, Weber, Norbert Elias e questiona enfaticamente Braudel, Finley e Perry Anderson por esconderem conquistas do Oriente e mesmo de se apropriarem delas em seus escritos. Arrasa os medievalistas que querem transformar um período violento, repressivo, dogmático e sem muita criatividade (a Idade Média) em algo simpático e palatável, só por ser, supostamente, a época da criação da Europa (e, portanto, do conceito de Ocidente). E mostra que, ao menos, em termos de capitalismo mercantil, o Oriente tem sido, ao longo da história, bem mais desenvolvido do que o Ocidente. O que contraria interpretações que desconsideram o Oriente e se debruçam apenas sobre as transformações nas relações de produção do mundo ocidental para explicar sociedade, política e cultura.

De fato, esquemas economicistas, alguns deles apropriados e vulgarizados por um marxismo elementar ainda praticado por supostos analistas politizados, mostram um mundo europeu criando o mercantilismo e as embarcações (inventaram até uma inexistente Escola de

Sagres), a bússola e o papel. Alguns professores ainda ensinam uma oposição entre a democracia (criação grega, portanto ocidental) e o totalitarismo (coisa natural entre orientais como chineses e russos). Contra esse tipo de História é que Goody se insurge.

Claro que, entusiasmado pelas próprias descobertas, formula algumas conclusões bastante discutíveis. Mas atenção: esse livro não é um simples ensaio, um trabalho opinativo. Considerado um dos mais importantes cientistas sociais do mundo, Goody tem uma obra sólida, consistente, plena de informações e de comparações, reconhecida por colegas com quem estudou e trabalhou. No livro, recorre a pesquisas feitas na Ásia e na África (muitas realizadas por ele mesmo), para dar peso às suas teses. Assim, mesmo que se venha a discordar de alguns de seus pontos de vista ou conclusões, temos muito a aprender com ele, principalmente como entender o mundo globalizado — e não sob uma ótica puramente econômica. Mais que um grande intelectual, Jack Goody é um verdadeiro cidadão planetário. E, no livro, apaixonado e apaixonante, abre uma janela para aqueles que querem descortinar o mundo.

De heróis e de História

Que seria dos americanos sem os heróis da conquista do Oeste? Não a conquista de verdade, aquela que foi feita à custa da devastação de planícies, búfalos e índios, da vitória dos fortes sobre os bons, e dos espertos sobre os cultos, mas aquela que está colada no imaginário das pessoas, a da conquista do indivíduo sobre a massa, do destemido sobre o fraco, do vencedor sobre o fracassado?

Que seria da França sem Joana D'Arc? Não a mocinha esquizofrênica, que ouvia vozes, foi manipulada pelos poderosos e morreu queimada na fogueira depois de ser torturada pela Igreja, mas a "Virgem de Orleans", cuja pureza é reverenciada até hoje pelos nacionalistas franceses e provocou seguidores tão improváveis como o próprio De Gaulle, que se sentia uma espécie de reencarnação dela.

Nações, religiões e até famílias buscam legitimar, por um passado suposto, seu presente desejado utilizando-se de um recurso que chamamos "uso da História": se aquilo que de fato aconteceu não é o que se deseja, inventa-se um outro passado... De uma forma até comovente, pelo patético da situação, famílias de imigrantes enriquecidos e celebridades do momento correm atrás de árvores genealógicas transgênicas, que têm por função encontrar uma certa nobreza – acompanhada pelos inevitáveis brasões – entre descendentes de comedores de polenta do Vêneto, camponeses alemães, ou carroceiros poloneses.

As religiões agem mais ou menos do mesmo modo. Não por acaso, tanto Moisés entre os hebreus como Gilgamesh entre os babilônicos teriam sido salvos das águas por alguém que lhes propiciou um grande futuro e se tornaram heróis e líderes de seu povo. Não por acaso, no mito da fundação de Roma, a mesma história é recontada com relação a Rômulo e Remo, até na versão irônica de Tito Lívio. A ideia de que a divindade em que acreditamos correu sério risco de vida na infância, ou renasceu após a morte, é um aceno de algo sobrenatural, um milagre que tem por função impressionar as pessoas e levá-las a aceitar as supostas verdades e os dogmas descritos pela religião. Se ela é tão poderosa a ponto de fazer com que mortos renasçam, talvez seja prudente acreditar nela...

Mitos de origem não são, pois, privilégio das nações – já que ocorrem nas religiões e nas famílias –, mas é aí que vemos o passado idealizado ser mais cultuado. Grandes nações não se conformam com um presente brilhante, precisam elaborar uma origem diferenciada, especial. Histórias fantásticas são criadas para sustentar passados desejados, nomes de pais e mães da pátria são repetidos geração após geração, a ponto de fazer parte do imaginário coletivo. Heróis são glorificados (até santificados, como no caso de Joana D'Arc), sua presença é tão viva e próxima que questionar a perfeição deles provoca comoção e revolta entre a maioria de seus adoradores incondicionais. Há mesmo que se tomar certo cuidado ao se discutir a humanidade – e, portanto, as falhas – desses heróis.

E no Brasil? Os mais velhos haverão de se lembrar de uma série de atividades assim chamadas "cívicas" que permeavam a vida dos estudantes há mais de quarenta anos: estudavam-se os hinos, não só nosso belo, mas longo hino principal, como os da bandeira, da Independência e muitos outros. Nosso pendão (ou lábaro, como se dizia) era hasteado em diversas ocasiões, e as pessoas sabiam de cor o hino apropriado a cada solenidade. Dia 7 de setembro, na Sorocaba da minha adolescência, era dia de todos os colégios desfilarem: metade da cidade assistia, sob um sol inclemente, aos milhares de alunos que estufavam o peito e batiam com força o pé esquerdo no ritmo da fanfarra.

O regime militar, instaurado em 1964, levou esse "civismo" ao extremo, diminuindo as aulas de História e criando uma aberração típica de ditaduras chamada "educação moral e cívica". Como dizia o nome, o conceito era inculcar aquilo que os militares e seus aliados consideravam moral e cívico, com destaque para a comemoração dos feitos de Caxias e do aniversário do que chamavam de "Revolução" de 31 de março. A imposição criou tal antagonismo que só puxa-sacos descarados do regime vigente se submetiam ao ridículo de desenvolver o programa "sugerido", sendo que muitos mestres aproveitavam-se do espaço para, dentro do possível, trabalhar com temas históricos. A tentativa de militarização do civismo resultou, a médio prazo, na negação do próprio civismo, tido e havido como coisa de militares reacionários e chauvinistas. O resultado da ópera é que, confundindo o bebê com a água do banho, as escolas e a população, como vingança, desenvolveram pouco apego à bandeira, não sabem cantar sequer o Hino Nacional e as pessoas acabam não cultivando as representações da identidade nacional. São, de fato, poucos os momentos em que nossa identidade é sentida e exaltada, a não ser por ocasião das finais da Copa do Mundo de futebol ou na última semana de uma telenovela popular (quando todos choram juntos diante da TV). A procura de heróis é tão desesperada que até tentaram transformar um medíocre corredor de fórmula 1 em substituto de Ayrton Senna, tentam transformar ginastas e maratonistas em figuras pop e até modelos de tipo escandinavo em protótipo de beleza brasileira.

Afinal, com todos os defeitos que possam ter tido, figuras como Tiradentes e José Bonifácio dedicaram grande parte do seu tempo e energia em favor de interesses coletivos. Suas figuras podem voltar a funcionar como elementos definidores do nosso passado comum – e a consciência do passado comum é que identifica os cidadãos de uma nação. Claro que junto a esses devemos trabalhar com figuras igualmente representativas de diferentes setores de nossa população, talvez alguém como Zumbi, Anita Garibaldi, elementos representativos das culturas indígenas e dos imigrantes que ajudaram a construir este país, assim como gente da cultura tipo Carlos Gomes e Villa-Lobos, Machado de Assis e Graciliano Ramos, e por aí afora.

Agora, em pleno estado de direito, já é hora de repensar nossos símbolos. Exaltar nossos heróis, oferecê-los como traço positivo de união nacional e motivo de orgulho não precisa ser algo que faça referência a governantes ou mesmo ao Estado. Pode, simplesmente, estreitar os elos entre o povo e sua nação.

Povos felizes não precisam de heróis

Dizem que povos felizes não necessitam de heróis. Seríamos, pois, os brasileiros, duplamente infelizes: estamos permanentemente em busca deles, mas nunca os encontramos, pelo menos com a dimensão almejada.

Um dos casos mais significativos é o de Tancredo Neves, com sua agonia partilhada por toda a nação. Comparado pela mídia aos santos que sacrificavam a vida pelo bem de todos, era visto como o mártir da redemocratização, numa clara referência a Tiradentes, o protomártir da Independência. A não ser os mais jovens, todos ainda lembram que o país parou quando de seu enterro, as pessoas choravam na rua, seu papel para o Brasil era comparado ao de De Gaulle para a França, Adenauer para a Alemanha e Ben Gurion para Israel, e até ao de Lincoln para os Estados Unidos. Hoje, ninguém mais o evoca, sua prática política de transição sem mudanças tem sido exercida com maquiavélica competência por muitos de nossos líderes – Fernando Henrique e Lula, por exemplo – e é provável que seu nome não ajude a eleger sequer o prefeito de São João del Rey.

Por vezes, elegemos nossos heróis salvadores de forma açodada (não foi o nosso país que escolheu, livremente, para presidente, um suposto caçador de marajás, chamado Fernando Collor?). Outras vezes, ao procurarmos o herói perfeito e imaculado – que, por definição, não existe –, desapontamo-nos com a dimensão humana que ele acaba por revelar e passamos a rejeitá-lo por inteiro. Isso é muito visível em relação a nossos heróis esportivos: nem Pelé, nossa maior glória no esporte que mais toca nossas almas e mentes, escapou do descrédito. Mesmo sendo o brasileiro mais famoso do mundo em qualquer época e de qualquer área, sofre por aqui o desgaste de ser falível, gente, enfim. O pecado de ser gente torna qualquer herói insuficiente para nossas necessidades, pelo visto.

Mas, reconheçamos, continuamos à busca do herói perfeito. Se não temos o melhor jogador de futebol do mundo, nem o melhor corredor, nem um papa brasileiro; se, ao contrário de vizinhos de continente, não ganhamos nenhum prêmio Nobel, ainda não desistimos. Guga, um garotão irreverente, profundamente identificado com a autoimagem do brasileiro, superou o elitismo do seu esporte e nos tornou, a todos, fãs de *aces* e voleios, telespectadores nervosos que sofrem a cada *set* não fechado. E houve Ayrton Senna. Se nossas seleções de futebol representam a pátria de chuteiras, Ayrton Senna era a pátria sobre rodas. Ele era o homem que compensava nossos fracassos como nação, nos redimia de nossas derrotas como indivíduos e, exibindo a bandeira nacional a cada corrida vencedora, "mostrava o valor do brasileiro". Morreu jovem, correndo, lutando por todos (pelo menos no nosso imaginário). Tivesse vivido um pouco mais, sobrevivido à glória, seria engolido pelo cotidiano, consumido e descartado por falhas reais ou imaginárias, como Pelé.

Nação curiosamente maníaco-depressiva, criamos heróis, jogamos neles todas as nossas esperanças, sentimo-nos vencedores e poderosos juntamente com eles e, no minuto seguinte, os destruímos, e com eles nos destruímos. Bipolares sociais, oscilamos da euforia à depressão, com raros momentos de estabilidade e equilíbrio. E, o mais grave, procuramos sempre a solução ou a culpa vinda de fora, magicamente. A própria maneira de explicarmos nossa história comprova isso. Durante vários anos, dizem muitos de nossos livros, os brasileiros nada podiam fazer porque éramos colônia de Portugal. Depois, durante a monarquia, o autoritarismo do Império impediu que fôssemos responsáveis por nossos próprios destinos. Em seguida, fomos objeto do imperialismo britânico e, depois, dos americanos, apoiados pelo FMI. E agora que passamos de devedores a credores do banco, elegemos um novo vilão de plantão, os chineses, que roubam nossa matéria-prima e nos impingem produtos industrializados de maior valor agregado.

Como adolescentes irresponsáveis, somos "de menor", inimputáveis. Não respondemos pelos nossos atos: a corrupção em que chafurdamos, a violência que nos cerca, a marginalização social, econômica e cultural a que relegamos a maioria dos assim chamados concidadãos.

Votamos ou com a sensação do "não adianta mesmo" ou com a ilusão do "este vai redimir o povo". Depois do "ato cívico", voltamos bovinamente às nossas poltronas (de nossas mansões ou de nossos barracos, dá no mesmo) e, enquanto nos envolvemos com as novelas televisivas, aguardamos o que "eles" vão fazer, ratificando, pela omissão, o divórcio entre sociedade e Estado, que é uma das marcas registradas de nossa história. E continuamos esperando o Messias.

História e memória na literatura

Não é por falta de aviso. Logo no início do livro, Amós Oz se rebela contra os idiotas da objetividade e avisa que não adianta cobrar dele, no livro ou fora dele, a coerência que talvez se possa exigir de cientistas sociais. "Muitas vezes, os fatos ameaçam a verdade", declara textualmente. Estendendo a mão a alguns dos melhores romancistas latino-americanos, lembra que sua avó não morreu do coração, mas de excesso de limpeza...

Mesmo assim, *De amor e trevas*, livro desse israelense que é um dos mais importantes ficcionistas da literatura mundial, tem sido resenhado e discutido como se fosse uma obra de historiador, como se as fronteiras entre a memória e a História não estivessem bem delimitadas e como se fosse possível acreditar, literalmente, em tudo o que ele escreve como uma narrativa objetiva.

Veja-se como ele lida com o tio do seu pai, o importante intelectual Joseph Klausner, professor da Universidade Hebraica de Jerusalém e autor muito famoso à época.

HISTÓRIA

Por muitas e muitas páginas, Oz conta das visitas sabáticas que, acompanhado de seus pais, fazia ao tio importante. Narra, minuciosamente, o caminho percorrido a pé, pela família, naquela Jerusalém anterior ao surgimento do Estado de Israel. Não é difícil imaginar que Oz tenha refeito o trajeto, estudado as mudanças ocorridas na paisagem e buscado passar tudo da forma mais fidedigna. Ele se detém mais, contudo, em mostrar como Klausner recebia seus sobrinhos e sobre que assuntos falava. Do ar superior que ostentava e do ar deslumbrado e reverente de seu pai diante dele. Ao passar uma imagem bastante cabotina do intelectual Klausner, está acertando suas contas com seu próprio pai, que, ao longo de todo o livro, ora acha bem preparado para ser professor universitário, ora acha chato e burocrático, sem criatividade, um simples funcionário de biblioteca. No livro todo, que de certa forma é uma busca para entender a mãe, seu julgamento sobre o pai fica dividido entre um certo respeito pelo esforço intelectual feito, e uma constatação bastante crítica sobre os resultados obtidos. Como o tio Joseph poderia ter influenciado na escolha do seu pai para professor universitário (o grande sonho intelectual do pai) e não o fez, Amós Oz se vinga dele atribuindo-lhe uma série de estereótipos habitualmente atribuídos a intelectuais (arrogância, pretensão, falta de espírito prático, dependência da esposa, solução de tudo na teoria e de nada na prática). Assim, a reconstituição da relação de Klausner com a esposa (de um infantilismo extremo e mutuamente consentido) e, mais ainda, os argumentos apresentados pelo intelectual junto a uma criança de 7 anos (!), para convencê-lo sobre sua concepção de judaísmo, constituem peças de ficção, pelo menos no nível histórico. Quanto ao psicanalítico, é outra coisa.

De um mestre em narrar situações ficamos cobrando o que não promete. Mesmo no acerto de contas com os palestinos (dá para especular bastante sobre ele ter ferido a garota sem querer, apenas por ter se exibido), o importante não foi o que aconteceu, mas o que poderia ter acontecido, em entendimento não concretizado. Mesmo sabendo o que aconteceu, o leitor fica muito triste com o acidente e com a sur-

51

ra que a menina palestina acabou levando dos pais (aliás, aqui, há um pequeno erro do editor ou do tradutor: na pagina 378 a menina teria sido surrada "de mão aberta" e na página 400 "com mão fechada"; seria bom manter apenas uma versão). O acidente, a surra, o pedido de desculpas não aceito, serão todos metáforas?

De amor e de trevas não é um livro de História. É, ainda bem, um belíssimo livro de memórias, dos melhores que se pode ler. Embora um pouco repetitivo em algumas passagens, Amós Oz continua sendo aquele autor com o qual nos emocionamos a cada linha, quase a cada palavra. Sua prosa sabe quando se expandir e quando se encolher e, embora esse seja um livro em que o nó na garganta permaneça por mais tempo do que muitos possamos suportar, há que se fazer um esforço para chegar até o final. É literatura de primeira.

Não tentem fazer dele um medíocre livro de História.

A Segunda Guerra Mundial e os historiadores

Fico impressionado com o volume de pessoas que juram seu amor pela História. E acho isso muito bom. Embora seja favorável à regulamentação da profissão de historiador (não sei em que historiador é uma profissão menos especializada que corretor de imóveis, corretor de seguros, geógrafo ou bibliotecário, que têm sua profissão regularizada), nada tenho contra amadores que ousam adentrar no reino de Clio. Pelo contrário. Bons livros de divulgação histórica têm sido produzidos por leigos. Mais que isso, alguns dos chamados explicadores do Brasil, como Caio Prado Júnior, Sérgio Buarque de Holanda e Celso Furtado, vieram de cursos superiores distintos. Nenhum fez História. Claro que nas últimas décadas surgiram e desenvolveram-se boas faculdades de História, mas isso não deve inibir amadores. Eles que continuem amando, escrevendo e lendo livros de História. Cabe ao público e à crítica (ela existe?) avaliar a qualidade do que está sendo produzido. Para isso, alguns acadêmicos deveriam sair mais de sua confortável torre de marfim e vir a público comentar as obras lançadas e não ficar resmungando pelos corredores contra este ou aquele jornalista que produziu um livro de sucesso. Seria um diálogo rico e honesto.

O problema é que as novas gerações de historiadores estão padecendo do mesmo mal que os médicos: a extrema especialização. Trabalhos monográficos, localizados no tempo, espaço e temática são muito necessários, mas a ausência de uma visão geral tolda o olhar tanto de médicos quanto de historiadores, os primeiros mais preocupados com as doenças do que com os doentes e nós com dificuldades para situar o objeto de nossa pesquisa no movimento geral da História. A meu ver, um olhar mais amplo, mesmo que mais superficial, pode garantir ao profissional uma revitalização de sua atividade, já que amplia o espectro de seus interlocutores. Além do fato de que, dentro de uma visão mais social da produção intelectual, cabe ao historiador, principalmente aquele pago pelos cofres públicos, produzir algo mais do que meros relatórios aos órgãos de pesquisa.

Uma revista me pede explicação concisa sobre a Segunda Guerra. Claro que eu poderia me recusar a apresentar um panorama geral em poucas linhas, mas, por vezes, isto é necessário, por motivos práticos. Um tema apresentado de modo aberto e interessante pode motivar leitores e mesmo incentivar vocações. Aí vai o que escrevi.

A Segunda Guerra Mundial (1939-1945) tem sido apresentada, com frequência, como uma espécie de continuação da Primeira Grande Guerra (1914-1918). Alega-se que o Tratado de Versalhes, que impôs condições humilhantes à Alemanha derrotada, é o germe da Segunda Guerra. Não há nada de errado nessa afirmação, mas as guerras foram muito diferentes em aspectos tão relevantes que é leviano simplesmente apresentar uma como mera decorrência da outra.

Ambas tiveram a Europa como ponto de partida, mas enquanto a Primeira se desenvolveu quase toda nesse continente, a Segunda teve a Ásia, a Oceania, a África e até as Américas como protagonistas (nosso país teve navios afundados por submarinos alemães na costa brasileira e enviou tropas para combater os nazistas).

HISTÓRIA

A Primeira foi, em muitos aspectos, o último grande conflito que se desenvolveu mais em campos de batalha. Ficou famosa pelas batalhas de trincheiras, nas quais os generais exortavam os jovens, particularmente franceses e alemães, a se matarem mutuamente. Já na Segunda, a guerra chegou com toda intensidade até os civis. Milhões de russos perderam a vida nos cercos de Leningrado, Stalingrado, Moscou e outras cidades soviéticas. Milhares de ingleses, japoneses e alemães morreram por ocasião dos bombardeios adversários.

A Segunda foi uma guerra em que ideologias foram, literalmente, à luta. O fascismo italiano, o nazismo alemão e o comunismo da União Soviética apresentaram-se como alternativas às democracias dos EUA, da França e da Inglaterra.

A Segunda Guerra trouxe, ainda, a novidade macabra, engendrada pelos nazistas, que foi o confinamento e a execução em massa de muitos milhões de civis inocentes, como ciganos e, particularmente, os judeus, pelo simples motivo de pertencerem a uma suposta etnia diferente. Assumindo a si mesmos como "arianos" – uma espécie de povo eleito pelos genes –, os alemães perseguiram e assassinaram em nome do que alegavam ser uma suposta superioridade racial.

No final da Segunda Guerra, já se desenhava, de certa forma, a Terceira, que, felizmente, nunca eclodiu: a Guerra Fria. O confronto armado entre americanos e soviéticos, em batalhas atômicas que poderiam destruir a civilização humana no planeta, não aconteceu, mesmo porque um dos competidores jogou a toalha. Mas, da mesma maneira que corremos o rico de desaparecer por conta do choque de algum asteroide perdido, ou de surtos viróticos ou bacterianos incontroláveis, não estamos livres de nossa própria imbecilidade.

55

CULTURA

O papel das políticas públicas
é o de permitir o acesso de todos
ao patrimônio cultural da
humanidade, não o de discriminar
em nome de um suposto respeito
à cultura de cada segmento social.

Cultura oral, cultura escrita

Quando um aposentado das oficinas da extinta Estrada de Ferro Sorocabana entrava na loja do meu pai, na pequena Sorocaba dos anos 1950, era uma festa para mim. Sem a pressa dos que ainda davam expediente, os inativos – na verdade, ainda bastante jovens, pois haviam começado a trabalhar com 14 anos – tinham todo o tempo do mundo para contar longas histórias, "causos" que tinham se passado com eles mesmos (ou que tinham presenciado) devidamente ampliados pela imaginação e pela memória, sempre traiçoeiras.Como os "causos" eram bem contados! Lembro-me da emoção e da tensão que eles me provocavam, a narrativa lenta e detalhada chegando e envolvendo, palavra a palavra, frases plenas de significados e subentendidos, contexto, acontecimentos, sensações, expectativas encadeadas, certeza do impacto que provocavam no ouvinte.

Aqueles homens pouco estudados, apenas quatro anos do grupo escolar completados, dominavam a arte da narrativa. Contar, descrever, não eram talentos especiais – embora houvesse alguns contadores excepcionais –, mas parte da cultura geral, habilitação requerida e necessária para o relacionamento social, forma de integração no grupo. Montar um enredo e desenvolvê-lo calmamente fazia parte da cultura oral em voga no interior, em meados do século passado e não dominar as formas daquela narrativa era não pertencer ao seu tempo.

Há quem ache que essa cultura começou a desaparecer quando "seu" Ernesto morreu. "Seu" Ernesto era um caiçara de Toque-Toque Grande, perto de São Sebastião, em São Paulo, e tinha por função providenciar que não faltasse água em algumas casas de moradores locais. Sua tarefa consistia em captar o líquido de um riacho límpido que descia da montanha e, por meio de mangueiras, fazer com que ela chegasse em nossas caixas d'água. Homem tranquilo, "seu" Ernesto trocava frequentemente essa obrigação pelo trabalho de ficar observando o mar, quase sempre azul, pelo menos no verão. Quando alguém chegava até ele para perguntar por que não havia água em alguma caixa, "seu" Ernesto não deixava por menos e contava longas histórias sobre o tempo em que ainda se plantava açúcar e café nas montanhas íngremes ("café de sombra, professor, acho que o senhor nem sabe o que é isso"). Após muito tempo ele chegava – ou não – à questão da falta de água, mas isso passava a ser irrelevante.

O fato, para não esticar o "causo", é que "seu" Ernesto morreu. O bairro, agora, tem água canalizada, nenhum pescador mais sabe contar aquelas histórias. Na verdade, nenhuma história.

Hoje, nem mesmo as avós sabem contar histórias. Quando muito, leem livrinhos. Mais frequentemente compram vídeos e, no máximo, sentam-se para assisti-los junto aos netos. Os pais simplesmente terceirizam os filhos para as escolas ou as babás.

Outro dia me encontrei com o neto do "seu" Ernesto, o Antônio. Contou-me que seu avô morreu há muitos anos. Tive que tirar as informações a fórceps. Total falta de articulação. Perguntei-lhe se gostava de ler e me respondeu que não, preferia ver televisão. Seu discurso parecia mesmo um noticiário de TV: alguma informação, nenhum conhecimento organizado.

O diabo é que saltamos, diretamente, da cultura oral para a virtual, sem termos nos fixado na cultura escrita. Talvez por isso é que já não sabemos contar histórias, e ainda não aprendemos a escrevê-las. Não temos paciência para ouvi-las, nem capacidade para lê-las. Vem daí nossa condescendência para com o analfabetismo, seja ele absoluto ou apenas funcional.

A convivência de todos nós é responsável pela falta de articulação, pela deficiência de nossa expressão oral, pela pobreza de nossa escrita, talvez até pela falta de nuances de nossas manifestações emocionais. Caretas óbvias, em novelas ainda mais óbvias, são suficientes para povoar o nosso imaginário. Cantores bregas que exploram o sentimentalismo barato são confundidos com expressões de nossas raízes populares. Não é por acaso que a boa literatura é identificada como "de elite", como se só os intelectuais e ricos tivessem direito de acesso ao patrimônio cultural da humanidade.

A demagogia cultural encontra um terreno fértil num país em que, em nome do respeito à especificidade cultural, não se propicia igualdade de oportunidades. O caminho da democratização passa pelo diálogo entre as culturas, não pela hipocrisia do discurso populista e – na prática – excludente.

Nuca e a cultura brasileira

Este é mesmo um país estranho. Talvez seja por isso que sociólogos e historiadores contemporâneos, salvo raríssimas exceções, tenham desistido de explicá-lo. Afinal, é sempre mais fácil, para os primeiros, realizar pesquisas eleitorais ou pontificar sobre as presumíveis preferências de consumo da classe média urbana; e para certos historiadores, é mais confortável e seguro estudar, por exemplo, a "mentalidade dos senhores de escravos da região de Itupeva e cercanias, a partir de duas cartas escritas por estudantes de Direito para suas amantes, cantoras de ópera italianas que se apresentaram em Campinas no apogeu da cultura do café". Estudos não muito relevantes, talvez, mas sem tantos riscos quanto os que correram Gilberto Freyre, Sérgio Buarque de Holanda, Florestan Fernandes ou Caio Prado Júnior, para ficar nos clássicos.

Relevância, por exemplo, ganham os temas vinculados à cultura e à educação nos anos eleitorais. Para ser mais preciso, por algum tempo antes das eleições. No rápido período que vai de julho a outubro, a cada quatro anos o cidadão desavisado pode ter a impressão de que, finalmente, questões como a inclusão social por meio da escola, a formação continuada dos professores e sua valorização sairão das salas de debates em encontros de educadores e entrarão na pauta das políticas públicas prioritárias. Ledo engano. Após as eleições, o tema sai da agenda, das manchetes e das preocupações de quase todos, a não ser dos pobres professores e de meia dúzia de ingênuos, como um ex-ministro costumava chamar essa gente que se preocupa com educação e cultura.

Mas vale a pena retomar esse tema, já que tem muito a ver com igualdade, oportunidade para todos e outros temas da hora. Para muitos, a simples ideia de lutar para que toda a população tenha oportunidade de acesso aos bens culturais da humanidade (boa literatura, boa música, bons artistas, cinema de arte, museus, teatro etc.) é considerada quase heresia. Segundo certas concepções em voga, o povo ou é irreversivelmente ignorante e, portanto, impermeável ao patrimônio cultural da humanidade, ou naturalmente sábio, perfeitamente preparado para fazer suas próprias escolhas, daí ser elitismo de nossa parte desconsiderar seus próprios bens culturais e tentar impingir outros.

A primeira hipótese implica afirmar que a melhor qualificação cultural das pessoas tem a ver com a quantidade de dinheiro amealhada por seus pais e que, portanto, é impossível uma pessoa de poucos recursos gostar, por exemplo, de Beethoven ou Machado de Assis. Isso é evidentemente ridículo, inverídico e preconceituoso.

A segunda, que se apresenta com ares de defesa do direito de escolha, não leva em consideração uma série de fatores fundamentais: o gosto musical das pessoas é imposto por rádios FM, que alavancam, à base de jabaculês, melodias gravadas em estúdios (nacionais e estrangeiros), cuja única preocupação é mercantil, não cultural. O gosto é imposto a partir de repetições infinitas de fórmulas manjadas que não passam de variações sobre o mesmo. O freguês não tem a oportunidade de escolher. O mesmo ocorre com as telenovelas, com os enfeites industrializados. É o *kitch* globalizado.

Enquanto isso, artistas autênticos suam a camisa para conseguir se apresentar em circuitos alternativos, grupos de teatro atuam para plateias de menos de 10 pessoas (sem efeitos especiais, o que não agrada ao público viciado em videoclipes), poetas pagam para publicar seus trabalhos e Nuca, de Tracunhaém, não é conhecido sequer em Recife.

Aliás, quem mesmo é Nuca? Escultor em barro, especialista em leões sentados, Nuca já enfeitou cartazes de propaganda da Embratur, e suas obras estavam para o Visite Pernambuco como o Cristo estava para o Visite o Rio. Alguns de seus trabalhos estão em praças de Recife, inclusive em frente ao hotel em que fiquei hospedado. Vi seus leões e comentei sobre eles com a recepcionista, que nunca tinha ouvido falar de Nuca e, na verdade, nem tinha percebido direito aqueles bichos pintados de amarelo. Afinal, eles não apareciam na TV...

Tampouco os taxistas, ao lado, sabiam algo a respeito, o negócio deles era tentar me levar até Olinda, uma boa corrida. Entre duas palestras, pedi a um amigo que me levasse até Tracunhaém. Eu queria rever o mestre, um dos maiores artistas populares brasileiros. Lá chegando, caminhei até sua casa modesta e o encontrei se recuperando de um derrame, que lhe tirou o movimento da mão direita e a possibilidade de continuar produzindo seus maravilhosos leões, muito valiosos na Europa, quase desconhecidos no Brasil. É isso aí, mano. E viva a cultura brasileira.

Lá vai o Brasil, subindo a ladeira

Na cultura oral, os contadores de história eram verdadeiros atores que relatavam episódios, reais ou imaginários, com dramaticidade, acentuando passagens emocionantes, criando suspense, a ponto de deixar insones os ouvintes abalados com revelações e sugestões que a narrativa apresentava. Ainda podemos observar resquícios dessa cultura no interior do país, mas ela se encontra em extinção, engolida pela TV, mais visual, acessível a quase toda a população.

Talvez, a grande tragédia da cultura brasileira tenha sido passar, diretamente, da cultura oral para a digital: quando, por fim, o Estado passou a considerar essencial a alfabetização de toda a população (com qualidade muito, mas muito discutível mesmo, diga-se de passagem) já era tarde. A internet, com todos os seus subprodutos (e-mails, redes sociais, Twitter, Facebook), assim como a cultura dos torpedos em celulares, promoveram não apenas uma nova linguagem (até aí, tudo bem), mas um discurso sugestivo em vez de um outro argumentativo, portanto, sem coesão ou coerência, sem fluxo narrativo, sem começo, meio e fim.

Sempre poderíamos argumentar que, para alguns, a frase curta, solta, é apenas uma forma a mais de expressão, que pode perfeitamente coexistir com outras. De acordo, mas isso só existe para aqueles que antes aprenderam a estruturar o pensamento logicamente. Para muitos jovens de hoje, o discurso argumentativo não passa de uma forma antiga e superada de comunicação entre os homens, uma espécie de pré-História que se confunde com redigir à mão ou com velhas máquinas de escrever.

É claro que a substituição das formas de comunicação tem a ver com um dos aspectos mais relevantes da vida moderna: a pressa. Comemos depressa, devoramos o nosso alimento em vez de degustá-lo mansamente. Amamos depressa e substituímos impacientemente nossa antiga paixão por outra, mais fresca, que, no entanto, não resistirá a nenhuma rusga, nenhuma crise. Usamos nossas roupas, nossos carros, nossos computadores, nossos celulares até que eles nos pareçam "superados", não necessariamente por obsolescência real, mas psicológica. O novo, sempre o novo. Afinal, não é para isto que trabalhamos?

A sociedade de consumo venceu, o capitalismo darwinista (na expressão de Amós Oz) competitivo, produtor de mercadorias, venceu. Ironicamente, o país ícone dos comunistas, até poucos anos atrás – a China – é o mais darwinista dos produtores de mercadorias com obsolescência programada (pela má qualidade dos componentes, ou pelo cansaço do usuário). A propaganda venceu, foi bem-sucedida em convencer a todos de que seríamos infelizes, verdadeira e profundamente infelizes se não conseguirmos fazer dinheiro suficiente para comprar aquele produto ou obter aquele serviço que nosso colega, nosso amigo, nosso conhecido conseguiu.

Então, para que ler um livro de Thomas Mann, que tem centenas de páginas e exige um investimento intelectual mais sério, se podemos nos emocionar com capítulos de novelas cafonas e de argumento óbvio? E o mais grave é que elas preenchem nossas necessidades. Para que procurar filmes mais exigentes, se consumimos os mesmos filmecos que nossos filhos pequenos gostam, aqueles que escondem a inexistência de conteúdo por meio de uma forma cada vez mais elaborada, plágios não bem disfarçados de verdadeiros criadores? Nossa incapacidade de desfrutar de produtos intelectuais mais sofisticados pode ser percebida até no meio de uma sessão de cinema ou ao longo da execução de um movimento lento de um concerto de Beethoven: sempre tem gente atendendo o telefone ou enviando mensagens pelo celular.

Tudo isso me vem à cabeça a partir de uma notícia veiculada no Jornal da Cultura (TV Cultura, São Paulo), há pouco mais de um ano. Pesquisa feita com jovens da periferia de São Paulo, sem formação universitária, mostra que eles estão comprando automóveis e motos para seu transporte pessoal, para pagar em dois ou três anos. Triste governo, incapaz de dotar a cidade de uma rede mínima de transporte coletivo. Mas tristes garotos também. Perguntado sobre seus planos, após terminar de pagar o carro, um deles não hesitou em afirmar: "Comprar um carro melhor".

Despreparado, sequer cogita usufruir de bens culturais produzidos pela humanidade, mas acredita que sair metaforicamente da periferia é ter um carro como o de quem mora na área central da cidade. Como não sabe ler e compreender, sua consciência social limita-se à sua percepção de tuiteiro, a de que possuir é ser feliz.

Assim pavimentamos o caminho para nos tornarmos uma grande potência...

Vale a pena ver museus?

Entrar no Louvre já é uma experiência inesquecível. Num dos extremos do Jardim das Tulherias, uma imensa pirâmide de cristal abre suas portas para o visitante que desce até o andar térreo por uma escada rolante. Chegando lá embaixo, não hesite: pegue a escadaria que leva à ala Denon e suba todo o primeiro lance de degraus. De repente, você dá de cara com a Nike, ou Vitória de Samotrácia. Se não der para ver mais nada no Louvre, se não der para ver mais nada em Paris, namore a Vitória por meia hora. Depois disso, você nunca mais será o mesmo, pois terá visto uma das maiores obras do gênio humano. Esculpida no período helenístico, ela dialoga conosco como se tivesse sido talhada no mármore hoje. Sua beleza e sensualidade deslumbraram milhões de homens e mulheres ao longo desses mais de vinte séculos desde que foi criada. Vê-la, senti-la, apropriar-se dela nos deixa mais humanos.

É principalmente para isso que servem os museus: ao nos revelar o gênio enrustido que carregamos, como membros da espécie humana, eles nos permitem perceber que somos depositários do imenso patrimônio cultural que nossos ancestrais construíram. Afinal, é a cultura, e não a capacidade de organização, que nos distingue de todos os demais animais da Terra. Organizadas são as formigas e as abelhas, construtores são o joão-de-barro e o castor, hábeis são os macacos e os cães, mas apenas os humanos são capazes de produzir, sistematizar e transmitir cultura. Os museus permitem que se estabeleça uma aproximação de cada um de nós com todo o patrimônio cultural da humanidade.

Ver museus não é uma obrigação chata, tarefa para dias chuvosos. Nem privilégio de meia dúzia de intelectuais de feição sisuda e óculos com lentes grossas. Como seres humanos livres, temos que exercer nosso legítimo direito de conhecer os museus.

E quais são os grandes museus do mundo, os imperdíveis? Elegêlos não é tarefa fácil, depende de quem somos e do que buscamos. Um museu grande nem sempre é um grande museu; há pequenas joias que não se pode deixar de conhecer. Claro, alguns como o Louvre, em Paris, o Museu Britânico, em Londres, o Metropolitan, em Nova York, parecem se impor. Mas que dizer do Hermitage, de São Petersburgo, do Prado e do Rainha Sofia, em Madri, do Vaticano, no próprio, para não falar dos temáticos como o Picasso, no Marais, em Paris, do Van Gogh, em Amsterdã, do Museu de História Natural, em Nova York, do Museu de Israel, em Jerusalém, do Museu Antropológico, na Cidade do México? Há museus ao ar livre – Roma é um museu a céu aberto; na Normandia, norte da França, há importantes museus "do desembarque", em que fotos e documentos interagem com restos de navios utilizados no dia D. Há museus debaixo da terra, como o de Altamira, em Santillana del Mar, na Cantábria, Espanha. Há museus do automóvel, do trem e do avião, da tortura e da deportação, do vinho e da cachaça, da vida marinha e da vida cotidiana. Tem para todo mundo.

Mas o Louvre é especial. Pode-se agir como o humorista americano Art Buchwald e visitar o Louvre em 6 minutos, tempo que ele dizia ser suficiente para dar uma espiada na Vitória de Samotrácia, na Vênus de Milo e na Mona Lisa. Também se pode fazer como alguns turistas valentes e fisicamente bem preparados, que se propõem a conhecer "o Louvre inteiro" num só dia. Enorme bobagem. Querer ver tudo implica cansaço físico e mental, pessoas se arrastando diante de obras de arte como se estivessem cumprindo uma penitência. Afinal, o Louvre tem nada menos do que 30 mil obras! Se você não encontrar ninguém pelo caminho, nem hordas de escolares ou grupos infindáveis de japoneses e chineses com respectivos guias, e conseguir a proeza de assimilar 42 obras de arte por minuto (!), levará algo como 12 horas para percorrer as galerias dos 30 mil metros quadrados de museu. Assim, é melhor ir com calma. Programe-se para ver as obras de referência (afinal, todo mundo vai perguntar se você as viu, quando voltar), e escolha alguma área de interesse para olhar com calma.

Você voltará outro.

Buscando o sentido das coisas

Para um amante incorrigível de livros, viciado mesmo, terminar a leitura de uma obra de qualidade provoca sensações contraditórias de satisfação e ansiedade. Afinal, acabado o livro, como sobreviver sem aquele companheiro capaz de transformar horas de espera em alegres momentos? Será que conseguiremos outro tão bom quanto este?

Emplacar dois livros bons, em sequência, é um feito que pode ser comemorado e deve ser compartilhado. Farei isto.

O primeiro deles é a biografia de um dos grandes pintores do século XX, Marc Chagall, escrito por Jackie Wullschlager, responsável pela crítica de arte do jornal *Financial Times*, de Londres (Chagall, Editora Globo, 735 páginas). Dito isso, poderia parecer que se trata apenas de uma biografia artística, mas é muito mais. A parte histórica, imbricada com a vida do pintor, começa por oferecer um cuidadoso e afetivo panorama da Rússia pré-revolucionária, a partir da cidade de Vitebsk, onde nasceu Chagall. Vitebsk era um *shtetl*, uma cidade da

Europa Oriental com forte presença judaica. De um lado, o universo ortodoxo dentro do qual os judeus viviam funcionava como força centrípeta, atuava no sentido da preservação de valores e práticas sociais do grupo; por outro lado, o ambiente de fim de festa característico dos últimos anos do czarismo (Chagall nasceu em 1887) agia como força centrífuga, propiciava uma sensação de mudança a ponto de provocar conflitos com a geração dos mais velhos, mais conservadores. Essa oscilação, essa sensação de pertencer a um grupo restrito, de um lado, mas ao mundo todo, de outro (tão bem percebida por Isaac Deutscher em seu magnífico ensaio O *judeu não judeu*) irá acompanhar Chagall em toda a sua vida e toda a sua pintura. Mesmo morando em São Petersburgo, em Berlim, em Paris, nos Estados Unidos e depois no sul da França, Chagall tinha raízes tão profundamente plantadas em Vitebsk que a cidade de sua infância continuou presente em seus quadros, painéis e vitrais para o resto da vida.

A autora respeita e se envolve com o biografado – o que era de se imaginar –, mas não faz como biógrafos menores que perdem a real dimensão do seu objeto de pesquisa, exagerando sua importância. Denuncia a perda de qualidade em determinados períodos, acomodação em outros, autoplágio em terceiros. Não perdoa sequer pequenas falhas de caráter, tanto de Chagall como de seus familiares, criando um painel de profunda riqueza psicológica. E, embora não centralize sua análise na política, mostra, por meio de histórias de vida, o massacre cultural e físico perpetrado por Stalin contra artistas e intelectuais a quem o provinciano líder georgiano invejava e temia, por não alcançar compreendê-los. O "realismo socialista", forma óbvia e grosseira de fazer arte, teve a duvidosa honra de impedir o desenvolvimento artístico de toda uma geração dentro da então União Soviética. Com prisões, tortura e *gulags*, o stalinismo embotava a criatividade e condenou à diáspora muitos dos melhores e mais sensíveis artistas russos, incluindo Chagall.

O outro livro é um produto editorial bem diferente, embora com surpreendentes semelhanças no conteúdo. Enquanto o primeiro tem uma produção esmerada, plena de ilustrações, o segundo é uma edição formalmente modesta, publicado pela Expressão Popular, e tem como título apenas a letra K. O autor, Bernardo Kucinski, jornalista e professor da USP, participou do governo Lula e teve uma irmã "desaparecida" pelo regime militar.

O personagem principal, que dá título ao livro, é o pai de Bernardo. O enredo é sua luta em compreender o que poderia ter acontecido com Ana Rosa, filha de K e irmã de Bernardo. O autor imprime ao personagem um ar de incompreensão com relação ao mundo que o cerca. K é uma figura quase kafkiana (e isso é intencional na trama) procurando, antes, saber o que aconteceu, depois por que aquilo aconteceu. Sem sucesso. Importante escritor da língua iídiche (a mesma com a qual Chagall tinha sido educado na sua Vitebsk), K se refugia no seu mundo de ficção e não enxerga o que acontece com o Brasil real, nem com sua filha. O seu espanto se confunde com o espanto dos leitores, o seu choque é o nosso choque com as torturas, a violência e os assassinatos perpetrados por um Estado que nunca recebeu do povo (em nome do qual supostamente exerce o poder) o direito de matar.

Dois livros tão diferentes e tão parecidos.

Mamãe merece mais

Milhões de mães estarão recebendo presentes neste e nos próximos dias das mães. Serão telefones celulares, lenços, bolsas, sapatos, DVDs, CDs (alguns piratas) e toneladas de flores. Algumas estarão ganhando livros (para quem não sabe, ou não se lembra, livro é um objeto feito de papel impresso, muita imaginação e um pouco de sabedoria).

A pergunta que não cala: por que tão poucos dão livros, tanto para as mães quanto para parentes e amigos nos aniversários ou por ocasião do Natal? Antonella di Renzo, jornalista italiana, afirma que livro é algo muito pessoal e que é muito mais fácil dar um presente impessoal, mesmo que entregue hipocritamente com a infalível expressão "ele tem a sua cara". A cara de todas as mães deve ser muito parecida, a julgar pelos presentes que recebem. O que há de pessoal num Apple ou num Samsung, por exemplo? O fato é que as pessoas não querem errar, ou seja, não querem se expor, falar de si mesmas, ao ofertar um objeto. Um lenço é um lenço e, no máximo, fala de nossa disposição em gastar mais ou menos. Já dar um livro é falar um pouco de si mesmo.

Por outro lado, um livro tem tantas vantagens: ocupa menos espaço do que um vaso, são apenas 16 por 23 centímetros (em média) e não mais que dois ou três de profundidade, que se acomodam em qualquer lugar, seja na nobre estante de madeira de lei, seja no criado-mudo ao lado da cama, ou mesmo em algum canto do banheiro. Ao contrário do celular, que fala quando quer, o livro dialoga conosco quando nós queremos. Em vez da TV, que se atém a uma programação definida por terceiros, o livro é comandado por nós: pode ser lido na ordem e na velocidade que nós desejamos, ter trechos chatos saltados, pedaços interessantes repetidos a nosso bel-prazer.

Ele tem restrições, é claro: enquanto dá para se assistir bovinamente um programa de TV, o livro tem um dispositivo antibovino. Com ele, temos que nos manter ativos, uma vez que ele não se lê por si só, mas precisa ser lido, seus códigos decifrados, as situações e os personagens que ele descreve, imaginados. E presentear livros é, como dizia acima, tarefa de alto risco. Implica fazer escolhas, e fazer escolhas é sempre se arriscar. Claro que podemos entrar numa livraria (para quem não sabe, livrarias são locais agradáveis e calorosos em que livros são expostos e vendidos), espiar o primeiro balcão e pedir um livro "de mãe", "de namorada", "de amigo metido a intelectual" e deixar a arriscada missão nas mãos do vendedor. Desaconselho essa opção. Você é que conhece a pessoa a ser presenteada, e o presente vai definir uma relação entre o modo como você se percebe e o modo como percebe o presenteado. É evidente que você pode trocar uma ideia se tiver diante de si um vendedor que ama e conhece livros, mas a decisão final deve ser sempre sua. Ouse.

Claro que podemos dar um livro cujo título vimos num jornal ou na revista semanal, mas cuja resenha não tivemos tempo de ler. Aí a gente pode se enganar redondamente. *Raízes do Brasil*, de Sérgio Buarque de Holanda, apesar do título, não é um livro de botânica; *Cultura & elegância* não ensina a se vestir; e *Rumo à estação Finlândia* não é obra sobre turismo na Escandinávia.

Faça um esforço, pegue o livro na mão, olhe cuidadosamente a capa, leia a contracapa e as orelhas, se houver, busque o sumário. Procure algo que possa agradar ao presenteado, mas que não deixe de lhe agradar. Não tem cabimento oferecer uma obra de Paulo Coelho, se você acha que ele é um picareta, ou de James Joyce, se você o considera um chato. O presente deve estreitar a relação entre você e o presenteado, não representar um sacrifício, seja para o leitor, seja para o ofertante. O livro é uma homenagem, uma prova de que você conhece aquele que vai recebê-lo. O tempo que você passa escolhendo o livro é um tempo em que você está pensando no amigo como leitor.

Pense na importância que alguns livros tiveram na sua vida. Pense na importância que os livros que você der possam vir a ter. Lembre-se do professor de Português que insistiu para que você lesse Machado de Assis, autor que agora você relê todos os anos. No colega que deu de aniversário um livro de Eric Hobsbawm e fez com que você desistisse de Economia e se tornasse um historiador. O Dia dos Namorados está chegando. Que tal dar a ela (ou a ele) um bom livro sobre o amor, mais barato do que um bom buquê de flores?

MUNDO

É triste constatar que o mundo sem nações, tão desejado por aqueles que pensam em uma humanidade única e uma cidadania planetária, está cada vez mais distante do nosso horizonte.

Um mundo sem nações?

Afinal, o que é uma nação? Para nós, brasileiros, até que não é tão complicado responder a essa questão: em nosso país, não temos situações como, por exemplo, a Bélgica, em que duas identidades nacionais dividem o mesmo território e compõem o Estado nacional, ou a Rússia, que congrega dezenas de nacionalidades; não temos, também, situações como a Coreia, em que a mesma nação forma dois Estados nacionais, ou, segundo alguns, os árabes, que seriam uma nação espalhada por dezenas de Estados nacionais, em três continentes.

Definir um Estado nacional é fácil, uma vez que se trata de uma entidade jurídica. Já conceituar nação, não é tão simples. Para uns trata-se de uma identidade cultural (língua, costumes, religião comuns). Acho pobre e falha essa visão. O que são costumes comuns? Seria a comida, por exemplo? Nesse caso, comer macarrão e pizza identificaria os italianos? Seria curioso, pois os moradores do Vêneto (região de onde veio a maior parte dos imigrantes italianos para o

Brasil) comiam polenta em lugar de massa e só aprenderam a comer pizza quando os soldados americanos libertaram o país dos alemães, nos anos 1940. Em compensação, todos os viciados em pizza e massa, em todo o mundo, deveríamos merecer o almejado passaporte peninsular (que, de resto, nos permitiria ser cidadãos da Comunidade Europeia).

Por outro lado, é claro que uma identidade nacional não pode ser vinculada a supostas preferências nacionais, ou hábitos de certos grupos, como querem alguns cientistas sociais um pouco apressados. É inconcebível a ideia de que gostar de bumbum, receber com cafezinho e tomar caipirinha seriam os traços identificadores do brasileiro.

Um historiador argentino que passou um bom tempo no Brasil achava que nós só nos identificamos como brasileiros durante a última semana de uma novela "das oito", quando todos só falamos disso, ou a cada quatro anos, durante a Copa do Mundo de futebol.

De todas as definições possíveis eu ficaria com aquela que diz que nação é o povo que tem consciência de um passado histórico comum. Passado real ou imaginado. Para efeito dessa consciência não há como separar o concreto do construído: se os americanos se sentem descendentes do Mayflower, os judeus de Davi e os argentinos dos ingleses e se isso alimenta o seu imaginário, isso já é uma consciência de um passado comum.

Volta e meia a questão nacional reaparece. Entre nós andou causando polêmica a tentativa do governo de capitalizar o patriotismo e a identidade nacional, confundir o sentimento de pertinência com a identificação com ele. Ora, nada mais velho do que misturar o baralho: sem querer comparar, todos os governos autoritários tinham frases do tipo *Brasil, ame-o ou deixe-o*. Hitler, Stalin, xiitas iranianos ou ditadores africanos, todos tentam mostrar que pátria, nação e governo é tudo a mesma coisa. Tanto quanto confundir propriedade particular com pública, identificar a opção política de um governante com o interesse coletivo são traços mais frequentes do que desejáveis. E muito pouco republicanos.

80

MUNDO

Para o historiador de cem anos atrás, tudo indicava que a questão nacional se esgotaria ainda no século XX. Para Marx, o Estado nacional se tornaria uma velharia quando as relações de produção se internacionalizassem a ponto de não mais justificar sua existência. A certeza que ele tinha sobre esse caminho era tanta que só falava da revolução socialista internacional e não de revoluções em nações isoladas.

Mais recentemente, o crescimento das empresas transnacionais parecia levar o núcleo de poder econômico para elas. O poder político parecia dirigir-se a instituições como a ONU e era de se supor que surgiriam órgãos mundiais na área do direito, do meio ambiente, e assim por diante.

Parecia, mas nada mudou de substancial. Não temos instituições mundiais com credibilidade e poder sequer para punir excessos, violências, nem mesmo genocídios. Tribunais como o de Haia têm pouco mais do que função moral. E nações continuam surgindo, muitas delas com território e população minúsculos, destituídas de condições mínimas de sobrevivência. A Iugoslávia transformou-se em um conjunto de pequenos Estados nacionais. Outros, bastante antigos, como a Espanha, sofrem ameaças de ruptura por conta de minorias como catalães e bascos. A Bélgica, mesmo pequena, parece caminhar para uma divisão entre valões e flamengos.

No mundo das corporações multinacionais, as nações, que pareciam estar destinadas ao lixo da História, se redesenham e buscam se afirmar com base em um passado comum cada vez mais imaginário. E o mundo sem nações, tão desejado por aqueles que pensam em uma humanidade única e uma cidadania planetária, parece se distanciar cada vez mais do nosso horizonte.

81

O caráter das nações

Povos e nações, assim como as pessoas, possuem caráter?

É comum falar-se da suposta imbecilidade de um povo, da arrogância de outro, da pontualidade de um terceiro, da musicalidade de um quarto, e assim por diante, como características das pessoas por conta de sua origem nacional. Atribuir determinados traços de caráter a membros de um povo e não a outro é uma forma de demarcar pertinências, para o bem e para o mal. Para o bem quando a identificação é percebida como positiva, tais como: "orientais são ótimos alunos, suíços são pontuais, alemães têm talento para a engenharia, não há músicos clássicos melhores do que os russos, brasileiros resolvem situações difíceis na base do improviso, judeus ganham 20% dos prêmios Nobel" etc. Para o mal quando se elabora uma visão considerada negativa pela sociedade, tais como: "portugueses não são intelectualmente bem dotados; argentinos são arrogantes; alemães, muito bitolados; franceses, inimigos de banho; judeus, pães-duros; brasileiros, corruptos" etc.

Considerações como essas são generalizantes (isto é, atingem a totalidade dos membros de determinado povo ou nação) e frequentemente preconceituosas, uma vez que não são respaldadas pela experiência e, muitas vezes, caminham até contra a própria experiência. Quando uma aluna me assegurou que "todo mundo sabe que os espanhóis são coléricos" e lhe perguntei quantos espanhóis coléricos ela conhecia, a estudante acabou confessando que não conhecia espanhol algum, colérico ou não. Mesmo assim, ela se sentia à vontade para fazer afirmações que abrangiam todos os espanhóis. Já quando quiseram me atribuir uma série de características pelo fato de eu ser brasileiro, fiz questão de pontuar que, contra a expectativa do gringo que me julgava, eu não poderia ser listado como corrupto (pelo contrário, tenho horror a essa corja), como "bom de bola" (sempre fui o pior do time de futebol da escola), como sambista (minhas pernas demoram horas para cumprir as ordens do cérebro), nem ao menos como alguém que chega atrasado a compromissos (não me convidem para jantar às 19 horas se querem que eu chegue às 20 horas: chego no horário para o qual me convidaram). A resposta do interlocutor mostra o ponto a que pode chegar o preconceito: "Ora, professor, você é assim apesar de ser brasileiro, é uma exceção; e exceções confirmam a regra".

Estaria eu, portanto, defendendo a tese de que não existe uma identidade nacional? Também não é assim. Práticas sociais diferentes podem ser determinadas a partir de diferentes construções de nacionalidades, mas práticas sociais não são características genéticas e podem se modificar em situações diferentes. Isso é sabido, por exemplo, por responsáveis do metrô de São Paulo, que cultivam uma cultura de limpeza e reparo dos carros a ponto de intimidar os mais porcos: muito mais difícil atirar lixo nos vagões sempre limpos e em bom estado do que numa rua onde lixeiras são raras. Mas, voltando à construção das nacionalidades: um bom exemplo é apresentado por Norbert Elias, no seu magnífico livro *Os alemães*, onde ele explica as raízes do militarismo e do totalitarismo alemães a partir da especificidade da construção tardia do Estado nacional alemão. Também não é difícil entender a arrogância da elite brasileira endinheirada, assim como a dissimulação de parte da população humilde a partir da compreensão do sistema escravista que vigorou por séculos em nosso país. Isso não faz, contudo, com que cada indivíduo rico seja arrogante e que cada pobre seja dissimulado. O geral é geral, deve ser entendido como tal e não ser aplicado mecanicamente a todos. Afinal, o paciente pode estar com a temperatura média excelente, mesmo se sua cabeça estiver em um forno e os pés no congelador.

Há outros cortes de identidade que se cruzam com o nacional e que podem ter mais relevância para certos extratos da população. Intelectuais, músicos e artistas de diferentes países têm afinidades que independem, em grande parte, de sua nacionalidade. Outro bom exemplo é o de habitantes das megametrópoles mundiais, sejam elas São Paulo, Tóquio, Cairo ou Cidade do México. Submetidas a um trânsito caótico, poluição ambiental, vida muito competitiva, pouco tempo de descanso, tendem a ostentar uma série de características (e doenças) comuns que não serão encontradas em brasileiros, ou egípcios, ou mexicanos, ou japoneses que vivem em cidades pequenas.

É necessário muito cuidado ao generalizar. Brasileiros que vão a Paris, não falam francês, e voltam afirmando que "os franceses" são grossos merecem tanta credibilidade quanto turistas que chegam a São Paulo, são enganados pelo taxista e nos acusam, a todos os brasileiros, de falta de seriedade.

Identidade nacional num mundo globalizado

Muitos dos conflitos do século XX ocorreram, aparentemente, pelo fato de se tentar estabelecer Estados multinacionais com a configuração de um Estado nacional. A Iugoslávia será, talvez, o exemplo mais recente de conflitos proporcionados pela confusão de identidades. Sérvios, bósnios, albaneses, croatas, macedônios foram, durante o tempo da hegemonia orquestrada pelos comunistas e regida por Tito, personagens de um Estado nacional multicultural e multirracial que, de fato, não existia. Finalizado o período autoritário, os conflitos, oriundos de velhas rivalidades, vieram à tona, proporcionando uma guerra que ultrapassou as fronteiras da antiga Iugoslávia e ameaçou o equilíbrio a duras penas conquistado pelos países da Europa.

Para muitos, aqueles episódios sanguinários, a poucos quilômetros do epicentro da comunidade europeia, constituíam-se na prova cabal da necessidade de tantos Estados nacionais quantos fossem reivindicados, para dar conta das especificidades linguísticas, religiosas e culturais, independentemente da extensão territorial, do contingente populacional e da viabilidade econômica do aspirante a Estado nacional. Esses falsos libertários não percebem que especificidades sempre vão existir. Ou percebem, mas não se preocupam com isso. Num país como a Espanha, ou como a Alemanha, para não falar da Rússia ou da China, pode-se encontrar uma enorme gama de culturas relativamente distintas. Na França, por exemplo, é perceptível a diferença entre normandos e bretões, para ficar em vizinhos próximos, e estes são bem distintos de provençais e de alsacianos, que, por sua vez, são bem diferentes entre si. Isso significa que cada uma dessas denominações deveria se tornar independente? Não é de se acreditar.

Por outro lado, o século XXI nos apresenta um novo ingrediente da questão, que é a extrema mobilidade populacional. A massa de mão de obra que não trabalha mais em seu lugar de origem é impressionante. Não há números inteiramente confiáveis, mesmo porque uma grande parte dessa força de trabalho é clandestina, mas é perceptível a presença de europeus "pobres", asiáticos, africanos e latino-americanos (inclusive brasileiros) desempenhando tarefas que europeus, norte-americanos e japoneses, principalmente, não desejam mais realizar, o trabalho considerado sujo. Essa mobilidade é tão grande que vem sendo identificada como uma invasão prestes a desvirtuar as características fundamentais da cultura dos Estados Unidos (no caso da presença latino-americana) ou de alguns países da Europa (no caso de muçulmanos, particularmente, os de origem turca e árabe).

Curiosamente, esse movimento se dá até no interior de países não muito ricos. Mesmo no Brasil, temos recebido um contingente nada desprezível de imigrantes hispano-americanos, particularmente de bolivianos, os quais, segundo estimativas confiáveis, já se contam na casa de oitenta ou cem mil pessoas, só na cidade de São Paulo. Desses, uma boa parte trabalha em confecções, desenvolvendo turno de trabalho incompatível com nossas leis, além de viverem em condições inadequadas a seres humanos livres. É verdade que uma boa parte deles vive no Brasil clandestinamente, ou na linguagem eufemística deles próprios, "indocumentado", mas será isso razão suficiente para fingir que eles não existem? Aliás, não será melhor para todos fazê-los existir, de modo a entrar no mercado de trabalho nas mesmas condições de outro trabalhador qualquer, sem que se lhes atribua o caráter de competição desonesta com o operário "documentado"?

Temos, nessa história toda, uma questão de fato e outra de direito. As relações de produção globalizadas (para o bem e para o mal) estão a exigir uma legislação diferente, de todos os países, inclusive o Brasil, para com seus moradores. Pela lei eleitoral, é perfeitamente possível o senador Sarney ser eleito por um estado da região Norte, onde ele pisou poucas vezes; é perfeitamente viável eu votar para prefeito da cidade de Sorocaba, cidade onde não vivo há décadas, desde que eu continue com o título eleitoral de lá; mas não é permitido, por exemplo, a um trabalhador boliviano, que optou por manter sua cidadania, escolher o vereador que represente o Bom Retiro ou o Pari, bairros nos quais trabalha e vive há muitos anos. O pressuposto de uma lealdade nacional única e excludente, no atual estágio do mundo, é um anacronismo evidente, que nossos legisladores têm a obrigação de reconhecer.

A esdrúxula ideia de que a presença mexicana nos Estados Unidos – por sinal, em regiões que no século XIX pertenciam ao México – pode enfraquecer os ideais americanos é de um chauvinismo que nos remete aos piores discursos de John Wayne, quando se ocupava de "livrar" o território americano dos "índios selvagens" que ousavam se antepor à onda civilizatória dos brancos protestantes anglo-saxões. A abertura econômica das fronteiras provoca novos desejos e necessidades, reais ou idealizadas. A destruição de economias de subsistência colabora para que o movimento do trabalho adquira dinamismo quase igual ao movimento do capital. Tudo isso exige uma nova concepção de identidade nacional, de Estado nacional e de lealdade nacional. Parâmetros do século XIX que tentaram nortear as relações entre os Estados nacionais no século XX estão totalmente superados. Se não compreendermos isso, continuaremos a exportar brasileiros para serem cidadãos de segunda classe no hemisfério norte e continuaremos a tratar imigrantes hispano-americanos, e mesmo nossos irmãos de estados mais pobres, como não cidadãos.

Texas e Nova York

Este texto foi escrito no calor da hora, após as eleições em que George W. Bush foi reeleito presidente dos EUA, derrotando o candidato democrata de caráter liberal John Kerry.

Nos anos 1960, o sentimento antiamericano levava numerosos jovens a não tomar coca-cola, não comer cachorro-quente e evitar o próprio cinema americano. Exaltava-se o nosso guaraná, o sanduíche de pernil acebolado e o cinema francês, ainda mais que este chegava com a figura adorável de Brigitte Bardot... Tinha-se a certeza de que o mundo marchava para o socialismo, que o capitalismo não chegaria até o final do século XX, que camponeses e operários se rebelariam e, sob a orientação dos estudantes revolucionários, particularmente os de História (pois estes conheciam o processo histórico e tinham por função revelá-lo à sociedade), tomariam o poder para instalar a ditadura do proletariado, primeiro passo para a criação de uma sociedade igualitária.

A utopia alimentava os sonhos e a imaginação: afinal, depois de milênios de desigualdades e exploração, o mundo estava quase maduro para estabelecer justiça social. E nós, jovens privilegiados, teríamos a honra de ser a geração destinada a estabelecer relações de produção em que a dignidade substituiria a humilhação dos pobres e a justiça deixaria de ser uma palavra vã, utilizada por rábulas espertos, para nortear uma sociedade igualitária.

O final da história todos sabemos. Nossos modelos, seja a União Soviética de Stalin ou a China de Mao, ou mesmo o Vietnã de Ho Chi Min e até a Albânia de Enver Hoxa (acreditem, havia quem nos garantisse que a luz vinha da Albânia! E muitos acreditavam), desabaram ou se transformaram a ponto de não poderem ser reconhecidos, como nos mostra, ironicamente, o imperdível filme alemão *Adeus, Lênin*.

Vencido o inimigo comunista, em todas as frentes (menos naquela ilhota ao lado da Flórida, talvez), o capitalismo pôde mostrar novamente sua face mais selvagem (novamente, sim; quem não acredita leia sobre a Inglaterra no início da Revolução Industrial). Conquistas obtidas ao longo de décadas de luta foram retiradas dos trabalhadores dos países mais ricos do Ocidente, e a globalização encarregouse de fazer com que as restrições alcançassem quase todas as nações do Planeta. A data da aposentadoria se aproxima, cada vez mais, do momento em que a doença de Alzheimer toma conta dos nossos cérebros; o aumento de produtividade não implica aumento de salários ou lazer de qualidade para o trabalhador, mas expansão da empresa; a ampliação física do ensino público tem tido como consequência um grande rebaixamento na qualidade, a ponto de, no Brasil, as pessoas concluírem 11 anos de estudo sem entender um texto, nas raras vezes em que se aventuram a lê-lo. Como decorrência disso tudo, o acesso aos bens culturais é entendido como o direito a assistir televisão, ouvir cantores bregas e tomar cerveja em botequins.

A ausência de utopias nos leva a um consumismo desvairado e compulsivo: sentimo-nos infelizes, verdadeiramente infelizes, se não damos conta de comprar tal ou qual objeto que as pessoas de nossa relação possuem e transformamos nossa incapacidade de comprar em incapacidade de viver, de amar, de ser feliz. Temos certeza de que nossa felicidade está, em grande parte, condicionada à capacidade de adquirir, ter e usar, não de desfrutar. Nossa impotência metafórica (pois sempre haverá algo que não conseguiremos adquirir) transforma-se em impotência funcional. Também esse problema tentamos resolver comprando comprimidos milagrosos que garantem nosso funcionamento perfeito com parceiras perfeitas, de beleza comprada em salas de cirurgia e em sacrificadas sessões de malhação.

E o triste é que o modelo vem daquela nação que já foi chamada pela imprensa brasileira de nossa "grande irmã do Norte", os Estados Unidos.

Quem imaginaria, 30 ou 40 anos atrás, uma situação como a que vivemos? Tempos em que aquela potência, a hegemônica, aquela que imaginamos poder vir a ser a Roma moderna, incorporando como seus cidadãos todos os deserdados do mundo, transformando o planeta num enorme conjunto de Estados federados em torno dos ideais de democracia, tolerância religiosa, pluralidade política, respeito às minorias, multiculturalismo, esses mesmos Estados Unidos da América fecharam-se para dentro, rejeitam o pensamento avançado de suas grandes metrópoles (em Los Angeles, Chicago, Boston, Nova York, Kerry venceu) e reelegem um presidente de vista curta e horizonte limitado, no mínimo inadequado ao papel que terá que exercer, o sr. George W. Bush...

É frustrante. É desanimador. É assustador.

Queremos gostar de você, Obama

O jornal comunista italiano *l'Unitá* e o diário conservador francês *Le Figaro* derramaram-se em elogios. O mundo árabe festejou o presidente eleito com 80% dos votos dos judeus americanos. Raras vezes gregos e baianos estiveram tão unidos em torno de alguma figura pública. Terá realmente Obama a pedra filosofal, aquela que os alquimistas tanto procuravam e que poderia transformar metais ordinários em ouro? As tarefas que se esperam dele não são modestas: melhorar a economia americana, tirar o mundo da crise, sair do Iraque de modo honroso, equacionar a paz no Oriente Médio, evitar que os mísseis desencadeiem uma nova guerra fria, fazer com que um sexto da população americana consiga pagar suas casas, ajudar os agricultores de seu país sem prejudicar os brasileiros e, ainda, se possível for, melhorar a imagem do chamado grande irmão do Norte que não anda lá essas coisas.

Em artigo publicado no *Los Angeles Times* e reproduzido no *Estadão*, uma professora de Direito da Universidade Georgetown lembra que, em 2000, 78% dos alemães tinham uma visão favorável dos EUA e, em 2008, essa proporção tinha caído para 31%. No mesmo período, a opinião favorável aos Estados Unidos caiu de 83% para 53% na Grã-Bretanha, de 77% para 50% no Japão e de 52% para míseros 12% na Turquia. Lembra, ainda, que até a autoestima baixou tremendamente. Mais de 70% dos americanos desaprovam o próprio governante. Sabem que o país tomou um rumo errado, conseguindo desastrosa infusão de autoritarismo com falta de autoridade.

A eleição de Obama é quase um mea-culpa de um país que não soube lidar com uma situação internacional complexa e uma posição de hegemonia que solicitava não um provinciano bramindo ameaças (Bush filho), mas um estadista de dimensão planetária.

Claro que muita gente ingênua vai se decepcionar com Obama. Gente que ainda imagina as relações internacionais resolvidas com simples faixas de oposição à guerra, ou declarações generalistas e inconsequentes. Existem no mundo grupos que ainda atribuem o fracasso de seus correligionários e o atraso de seus países a um complô mundial orquestrado pelo Ocidente e regido pelos Estados Unidos. Defender-se de fanáticos fundamentalistas é um direito e uma obrigação do país e quem imagina o contrário vai ficar decepcionado com o novo presidente.

O que se espera é que isso seja feito num ambiente de mais diálogos com aliados possíveis. Há uma enorme diferença entre o Líbano, país moderno, assimilador e difusor de culturas, e certos sultanatos (erguidos à condição de nações independentes por conta do interesse do imperialismo inglês) dos quais se tem tolerado tudo, inclusive o esmagamento das mulheres, dos estrangeiros e das vontades, a não ser dos donos do poder e seus familiares. Não consigo imaginar Obama, mesmo em nome da *realpolitik*, compactuando com o atraso, com o preconceito e com o fundamentalismo. E isso é bom para o mundo.

Embora o antropólogo Jack Goody, em sua principal obra, *O roubo da História*, insista no papel que povos do Oriente tiveram no desenvolvimento de técnicas e ideias apropriadas posteriormente pelo

Ocidente, é inegável que a propagação de valores como cidadania e direitos humanos partiu de uma cultura europeia e americana. Nesse sentido, e apesar de todas as limitações atuais, é evidente que os Estados Unidos (assim como o Brasil) têm muito a ensinar à própria Europa e a outros países como o Japão, a Rússia e a China, em que estrangeiros ainda são considerados figuras não assimiláveis, estranhos para sempre.

Não se pode esquecer que até em nações europeias modernas, como Itália e Alemanha, mantém-se o conceito de identidade nacional "étnica", baseada no sangue, algo espantoso no atual estado de conhecimentos científicos (veja-se a respeito o livro esclarecedor do geneticista italiano Guido Barbujani, *A invenção das raças*). Assim, temos motivos para esperar a volta de uma era de generosidade em que os Estados Unidos receberam o maior contingente de imigrantes da história, o que, por outro lado, foi fundamental para a criação do que há de melhor nesse país de muitas faces.

Quando subiu ao poder, John Kennedy estabeleceu o hábito de fazer reuniões na Casa Branca com artistas e intelectuais. Nessas ocasiões, ele ouvia comentários sinceros a respeito de suas políticas. Isso rompia o cerco de bajuladores acríticos com que os detentores do poder costumam se cercar. Obama, ele mesmo um intelectual, parece disposto a dialogar. E isso pode ser muito bom para os EUA e para o mundo.

Espalhando o vírus da paz

Foi interessante a recente visita feita pelo presidente Lula ao Oriente Médio, onde se apresentou como candidato a mediador da situação naquele canto do planeta. A mídia logo se posicionou sobre o que aconteceu lá, como sempre, a partir de sua posição sobre a sucessão presidencial. Provavelmente, isso aconteceu também com os próprios assessores do nosso primeiro mandatário. Ora, santificar ou demonizar protagonistas não leva a nada, assim como soa demagógico homenagear Arafat e recusar-se a colocar flores no túmulo do jornalista vienense Theodor Herzl, considerado o inspirador do Estado judeu.

Há mocinhos e bandidos de todos os lados, esta é a verdade. Ainda há os que apresentam os árabes, todos, como agressivos e belicistas, retrógrados e primários. Primário é o argumento. Somos todos beneficiários da cultura árabe, que está presente em nossa vida, mesmo que filtrada pelo mundo ibérico. O que não se pode, por outro lado, é atribuir sempre ao "outro" a culpa da decadência cultural e econômica do mundo árabe e islâmico, sujeito à interferência da religião no Estado, à depreciação da mulher, à pouca ou nenhuma liberdade de expressão. Li, há pouco, um artigo que dizia que a culpa de tudo de ruim que aconteceu por lá era dos "bárbaros" mongóis, depois dos turcos, ingleses, franceses, russos e agora americanos. Menos dos povos árabes, é claro...

Povos? Sim, pois a ideia de uma nação árabe única, hoje, é de uma ingenuidade comovente e serve a vários interesses. Antes de tudo, é uma introjeção de uma visão imperialista de mundo. Todos sabemos que nos Estados Unidos somos "latino-americanos" e que confundir La Paz com Rio de Janeiro é uma prática corrente até entre acadêmicos americanos. Da mesma forma, é concebida uma suposta unidade árabe nas salas do Pentágono e nas emissoras de TV americanas.

A bandeira da unidade árabe, sob a sombra de uma religião única, na guarida de uma única língua e com o respaldo de um passado glorioso, tem tido a função de escamotear conflitos internos e justificar o expansionismo de ditadores de plantão. O fato é que nem todos os árabes são muçulmanos e nem todos os muçulmanos são árabes. Por sinal, as maiores nações muçulmanas não são árabes. Por que, então, imaginar uma unidade que não existe? Para poder eleger um inimigo comum (o "inimigo objetivo", como dizia Sartre) para estimular o fervor patriótico, esmagar minorias e buscar entre os vizinhos o "espaço vital", estratégia política recorrente que Hitler utilizou há não muito tempo.

O "inimigo objetivo" das nações árabes é Israel. Os "descamisados e descalços" das ricas nações árabes foram levados a crer, durante muitos anos, que a destruição daquilo que chamam de "entidade sionista" e a "libertação" de Jerusalém encheria seus pratos de comida, eliminaria o tracoma e provocaria sua redenção. Enquanto isso, as contas dos emires e dos ditadores de plantão engordam.

Os palestinos também sentiram na própria carne a ação de seus "irmãos". Vistos como parentes maltrapilhos e malcheirosos dos "irmãos" árabes, estes tentam desfazer-se dos palestinos oferecendo-lhes uma peça usada de roupa ou um pedaço de pão (ou, melhor ainda, algumas armas e muitos gritos de guerra). Quando insistem em atravessar os portões da mansão do parente rico, são massacrados, por inconvenientes, como haverá de se lembrar o leitor com relação ao que aconteceu com os palestinos no Líbano, ou durante o "Setembro Negro" na Jordânia.

O fato é que a maioria dos Estados árabes instituídos não têm o menor interesse em resolver o problema palestino: ficariam sem o "inimigo objetivo".

Por outro lado, Israel mudou muito desde a sua fundação. E nem sempre para melhor. Criado por inspiração de um pensamento sionista socialista laico, estruturado com base no *kibutz* – colônia coletiva estruturada à base da ausência total de propriedade privada (não só dos meios de produção) –, Israel tem se curvado às influências chauvinistas, de um lado, e de extremismo religioso, de outro. Ambas conduzem a uma rejeição ao "outro", seja ele o laico israelense ou o palestino. Ausência de casamento civil (!), de transporte público no sábado em várias cidades, confusão entre origem biológica e *status* civil são características preocupantes em um Estado que se apresenta como democrático. É verdade que o prolongado conflito com os palestinos aumenta a coesão interna e rotula amigos críticos de inimigos, mas cabe aos israelenses encontrar uma solução para essas contradições.

Gostaria que imaginários vírus desinformados da paz resolvessem os problemas de lá. Mas confesso meu ceticismo.

POVOS E NAÇÕES

A China estará mesmo prestes a ultrapassar os EUA? Afirmar isso é um sofisma igual àquele que prevê que logo as mulheres correrão a maratona em menos tempo que os homens.

Adivinhar o futuro

Não é necessário ser bruxo ou economista para fazer previsões equivocadas. Mesmo os que trabalham com a "longa duração" costumam quebrar a cara quando ousam apresentar cenários prováveis em nome de um pretenso processo histórico. Não custa recordar a previsão a respeito da desaparição dos Estados nacionais, como instituição, eles que responderiam a uma necessidade das sociedades burguesas dos séculos XIX e início do XX, mas que não deveriam subsistir às economias globalizadas que caracterizaram as últimas décadas. A ideia era, aparentemente, lógica: a cada espaço de atuação econômico-social corresponderia uma forma diferente de organização de produção. Assim, o feudalismo daria conta de uma sociedade pré-capitalista, o Estado nacional seria a estrutura política adequada às relações capitalistas e o socialismo, e somente ele, conseguiria representar adequadamente o momento da internacionalização da produção e da força de trabalho. Pretendia-se que o supranacionalismo, conduzido pela classe operária ("o trabalhador não tem pátria", era o lema proposto), tornasse obsoletas as relações burguesas no espaço nacional, que engendram o Estado nacional como sua representação política.

As nações, contudo, não desapareceram. Até mesmo, pelo contrário, o número de nações aumentou de forma exponencial. Minorias exigiram território exclusivo e minorias dentro das minorias rebelaram-se pela "independência". O caso da ex-Iugoslávia, que virou Croácia e Sérvia, que por seu lado engendrou a Bósnia (tudo isso com crises, lutas fratricidas, limpezas étnicas, massacres e tudo o mais) é um exemplo recente e próximo, em plena Europa, de episódios que têm se repetido na África, na Ásia, na ex-União Soviética, no Oriente Médio e até no Caribe. Isso tudo num mundo globalizado, não pela força de trabalho, mas pelas empresas transnacionais, por um sistema de transportes barato e eficiente e, principalmente, pelas novas formas eletrônicas de comunicação, universais e acessíveis. A aceleração do tempo histórico não nos autoriza mais a conceber a história com o ritmo com que a pensávamos há duas ou três décadas. E isso influi na mentalidade das pessoas, nos valores que elas defendem, nas formas de existência material ou simbólica que elas praticam e reproduzem.

Isso tudo para comentar um assunto que tem apaixonado o mundo: o crescimento da China e sua possível ascensão à maior potência do mundo. É, economistas do mundo todo têm afirmado que, considerando o ritmo de crescimento da China e dos EUA, em no máximo duas décadas (ou seja, no período de vida de quase todos os meus possíveis leitores), a águia americana cederá a hegemonia mundial ao dragão chinês, pelo menos no que se refere ao aspecto econômico. Essas previsões baseiam-se, ao que parece, na mesma lógica dos que preveem que, em mais alguns anos, a mulher correrá a maratona em menos tempo que o homem. A teoria baseia-se no fato de que elas têm diminuído seu tempo em ritmo mais acelerado do que os homens para dar conta dos consagrados 42 quilômetros e tantos metros. Assim, traçando duas retas, a das mulheres logo alcançaria, cruzaria e superaria a dos homens... Esse tipo de sofisma gráfico, engolido acriticamente por muitos, não considera outros fatores óbvios para qualquer leigo, como, por exemplo, o aerodinâmico, que assegura que as mulheres nunca ultrapassarão os homens em qualquer modalidade de corrida a pé.

Da mesma forma, antes de imaginar que o mandarim logo substituirá o inglês como língua franca é preciso lembrar que:

1. Mesmo o êxodo rural e o respectivo processo de urbanização chinês, o maior de toda a história da humanidade, terão um fim, o que fará com que a mão de obra semiescrava e ultrabarata atualmente praticada entre os chineses passe a custar mais caro.

2. A população urbana em pouco tempo terá acesso, pelos modernos veículos de informação, a novos produtos de consumo e deixará de ter uma atitude tão submissa como a que tem hoje. Não há tradição camponesa que resista a estímulos de produtos e ideias que inundam o mundo atual.

3. Reivindicações operárias poderão afetar o capitalismo planejado (embora não "de Estado", propriamente dito) e desorganizar a economia chinesa.

4. A necessidade de redistribuição de renda, por meio de gastos em bens de consumo e serviços, impedirá a China de continuar a comprar (no mesmo volume, pelo menos) os títulos americanos, com o que ela financia o consumo predatório da Grande Nação do Norte.

5. Com isso, a boa vontade americana para com os produtos chineses diminuirá, fazendo com que o fluxo de dólares no sentido do Oriente diminua muito.

Será que, então, a China continuará crescendo, a cada ano, mais do que 10%, como atualmente?

Da França, com inveja

Já foi o tempo em que viajar para a Europa era um acontecimento extraordinário. Com as tarifas mais baixas, nosso real valorizado e viagens podendo ser pagas em suaves prestações mensais, conhecer o chamado Velho Continente tornou-se algo quase banal. É verdade que para alguns viajar ao exterior ainda é sentar-se na poltrona de um ônibus com mais quarenta conterrâneos, ouvir o guia falando em português e espiar os cartões postais da janela do coletivo, devidamente protegidos contra a cor local, mas o fato é que ninguém mais detém o monopólio de ter conhecido Paris ou Florença, Londres ou Lisboa.

Mesmo alugar um automóvel e sair pelas magníficas estradas europeias está se tornando um saudável hábito brasileiro. Afinal, com a excelente sinalização das vias e um bom GPS a bordo, fica mais fácil dirigir lá do que em nossas rodovias malcuidadas e pessimamente sinalizadas. Pelo menos nos países que praticam línguas de origem latina, cujas placas podemos ler sem muita dificuldade. Assim, mesmo correndo o risco de observar o já observado e sugerir o já sugerido, não posso deixar de registrar algumas práticas lá existentes que gostaria de ver em nosso país. Vamos a elas.

Beber e comer entre os franceses, com globalização ou sem ela, ainda é um ritual muito respeitado e, deixando de lado alguns lugares puramente turísticos na capital, é quase impossível comer mal na França. Como no Brasil, os restaurantes são obrigados a afixar os preços dos pratos na parte externa do estabelecimento. Mas há uma diferença fundamental. Aqui, um prato que custa, digamos, R$ 40 não implica uma conta que indique os R$ 40 prometidos, mas, frequentemente, o dobro.

O pão com manteiga, por vezes acompanhado de meia dúzia de azeitonas industrializadas ou um patezinho sem-vergonha é chamado solenemente de *couvert* e custa mais uns R$ 16. A água, uma mísera garrafinha que mal dá um copo cheio, custa outros R$ 5. O estacionamento, antes um serviço oferecido pelos restaurantes, transformou-se em fonte de renda para os seus proprietários e não custa menos de R$ 10, chegando frequentemente a R$ 20 em São Paulo. Assim, os R$ 40 de um simples prato de massa, mais os R$ 16 do *couvert*, os R$ 5 da água e os R$ 10 (vamos deixar barato) do estacionamento fazem a conta subir para R$ 71.

Sobre isso é colocada uma taxa de serviço de 10%, que leva aqueles 100 gramas de massa ao patamar de R$ 78,10, praticamente o dobro do indicado no cardápio. Se considerarmos que 500 gramas de uma massa importada custam R$ 5 (de onde 100 gramas custariam apenas R$ 1), podemos constatar que existe algo errado na precificação do restaurante. Mas nem estou discutindo o preço (que, de resto, é absurdo no Brasil, onde produtos e mão de obra não são mais caros do que na França), mas do preço falso indicado no cardápio. Se lá constassem os R$ 78,10 que a massa de fato está custando, o consumidor poderia fazer sua escolha livremente e com a devida informação.

Os pedágios existem na França, mas apenas em autopistas. E elas são magníficas, muito bem conservadas. Mas, pelo que me informaram, o pedágio só pode ser cobrado se o motorista tiver uma estrada alternativa sem pedágio. Assim, por exemplo, se o governo quiser cobrar pedágio na estrada que vai de Brasília a Goiânia, ou de São Paulo a Campinas (pela Bandeirantes), terá a obrigação de ter a Anhanguera não pedagiada. Quem tem mais pressa e quiser rodar a 130 km por hora, vai pela autopista (e paga pedágio), quem não quiser ou não puder vai pela via alternativa.

Por escolha, peguei poucas autopistas (evitei até as estradas nacionais), meu interesse maior era viajar pelas estradas regionais, aquelas que entram em pequenas cidade e vilas, onde parava para conversar com as pessoas. Mas, quando viajei pela A5, com três faixas de rolamento de cada lado, observei uma coisa estranha: todos viajavam pela direita, ultrapassavam pela segunda faixa e voltavam para a direita. A última pista, pouco usada, era para motos superpotentes e alguns automóveis mais apressados. Mesmo estes voltavam para a direita, assim que concluíam a ultrapassagem.

Aqui é frequente ver, em nossas raras estradas com três faixas, um convicto motorista em sua Brasília amarela seguindo a 70 km por hora na faixa central, mesmo com a da direita deserta, o que leva a ultrapassagens pela direita, com todo o risco decorrente dessa situação. E nunca vi um policial rodoviário intimar um desses maus motoristas a andar pela direita ou, menos ainda, multá-los.

A riqueza material deve ser acompanhada de atitudes decorrentes do processo civilizador, como dizia Norbert Elias no seu livro *O processo civilizador*. Já que nossa proposta é a de nos tornarmos uma potência econômica nas próximas décadas...

Da Itália, com carinho

O saudoso professor Eurípedes Simões de Paula foi um dos grandes estimuladores dos estudos históricos no país. Professor da USP, foi por diversas vezes diretor da Faculdade de Filosofia e criou a *Revista de História* e a associação dos professores universitários de História, a ANPUH, que existe até hoje. O faraônico prédio de História e Geografia da USP leva o seu nome. Eurípedes, mais um agitador do que um homem de gabinete, obrigava seus orientandos a participar dos principais eventos acadêmicos, escrevendo e apresentando trabalhos. Eu mesmo não escapei desta sua regra, fazendo meu *début* pouco mais de um ano após terminar a graduação. Além disso, em um tempo em que muitos intelectuais eram monoglotas radicais e provincianos que não ousavam atravessar o Chuí, Eurípedes estimulava viagens ao exterior. "É bom para desasnar", dizia ele.

Lembrei-me do saudoso professor quando de minha recente viagem à Itália. Em pleno mês de julho, verão bravo, ousei passar alguns dias na Toscana e outros em Milão. Sob o impacto de discussões sobre o fim do livro impresso, preparei-me para ver os europeus totalmente informatizados, cada um com seu leitor digital eletrônico. Não foi isso que aconteceu. Na Toscana fiquei em um hotel rural, uma dezena de quilômetros de São Geminiano, onde holandeses, belgas, alemães, nórdicos e até italianos tostavam-se à beira da piscina. Poucos entravam na água, fria, apesar de a temperatura do ar chegar a mais de 35 graus centigrados ao longo do dia. Era curioso ver aquele povo chegando branco, ficando meio cor-de-rosa, depois vermelho. Alguns até adquirindo um tom mais saudável depois de alguns dias... Poucos entravam na água, mas todos liam. A beira da piscina parecia uma sala de leitura ao ar livre. E todos liam livros impressos. No papel. Havia romances, romances históricos e obras históricas. Fim do livro? Só para os idiotas que têm preguiça de ler e acham que pode haver vida inteligente em mensagens de três linhas...

Em Milão, entro numa livraria Mondadori. Meu italiano (adquirido por osmose e parasitose) dá apenas para bater papo básico e ler (mal) jornais, mas não permite a leitura de um livro de ficção. Procuro livros em outras línguas. Há muita coisa em inglês, mas garimpando com cuidado me deparo com uma pequena estante de obras em espanhol e compro um Cortázar que ainda não havia lido. Tamanho de bolso, fácil de transportar, preço bom. Agora já não sou mais um "sem livro". O livro anterior, que imaginara durar até o fim da viagem, terminara de ler na Toscana, à beira da piscina.

Julho é um dos meses em que os europeus vão às férias. São hordas em todos os lugares, o que na Toscana quer dizer cidadezinhas medievais, igrejas incríveis, passeios por cima de muros que guarneciam as cidades (em Lucca, pode-se caminhar quatro quilômetros em volta da cidade histórica), a Torre de Pisa (com altura equivalente a um prédio de vinte andares, toda de mármore branco, a inclinação é um detalhe), praças de beleza despojada (como em Siena), edifícios públicos de elegância ímpar etc. E gente comendo o tempo todo. Devora-se o inigualável sorvete italiano (em uma única praça de São Geminiano, duas sorveterias disputam o título de "melhor sorvete do mundo"; eu dei a medalha de ouro à menorzinha, sempre lotada, com o dono atrás do balcão; mas mesmo a perdedora bota no chinelo, por meros 2 euros, qualquer sorvete metido a besta e carésimo feito por aqui). Devoram-se pedaços de pizza (também muito mais barata que as nossas; nossas vacas são mais caras? Nossa mão de obra custa mais?); devora-se a massa, muito benfeita, particularmente se você tiver a coragem de comê-la fora da praça central das cidades; e todo mundo caminha com sua garrafinha de água, pois na secura do clima beber muita água não é opção, é questão de sobrevivência.

E não há como não notar as mulheres. Nunca as vi tão à vontade. Boa parte delas caminha com shortinhos mínimos para suportar melhor o calor. Outras vão de saia ou vestido, mas não têm problemas em pedalar a bicicleta ou sentar-se nos degraus externos de uma igreja, exibindo as pernas, sem aparentar pudor. Tive – assim como minha mulher – a sensação de que, sem exibicionismo ou exercício superficial de sedução, as mulheres europeias assumiram sua beleza de verão e estão começando a ficar à vontade com os seus corpos. Por coincidência (ou não), leio (no livro *Nova História das Mulheres no Brasil*) que as brasileiras estão lidando cada vez melhor com os seus. Bom para todos.

Os russos, além da vã política

Reconheço, sou suspeito para falar dos russos. Quando viajei para a ex-União Soviética, em meados dos anos 1990, era parado nas ruas de São Petersburgo com pedidos de informações sobre a localização de ruas, sedes de organismos burocráticos e atrações turísticas. Acredito que o chapéu do exército soviético, com estrelinha e tudo, que eu usava na ocasião ajudava a me identificar como um possível local, mas meu rosto grande, com maçãs altas e salientes aliado a uns olhos bem orientais, quase fechados, que herdei da família do meu pai, identificavam-me com um siberiano ou algo do gênero.

O fato é que de russo só sei meia dúzia de palavras, provavelmente bem pronunciadas, já que as aprendi em casa, ainda criança. São, contudo, insuficientes até para um papo com um surfista (dizem que aqui no Brasil o vocabulário deles chega a duzentos, ou até a trezentos vocábulos, no caso dos mais cultos). Assim, eu cometia a indelicadeza de gaguejar um "não sei", com "n" mole e tudo, e despachava o perguntador para a esquina seguinte.

Não é, pois, pela suposta aparência, nem pelo conhecimento da língua que me sinto suspeito para falar dos russos. Nem sequer pelo seu aparente gosto pelos regimes autoritários. Czares que esmagavam os camponeses (em nome de Deus) foram substituídos pelo ditador georgiano Stalin (em nome do socialismo). Mesmo agora, a troca de Putin por Putin, no poder, não é um exemplo de "governar por turnos" que, para Aristóteles, estaria na essência da democracia. É bem verdade que com ele (Putin, não Aristóteles) a economia (e, com ela, o amor próprio) dos russos melhorou bastante, mas fica difícil avaliar se isso se deveu mais às suas virtudes ou a uma conjuntura mundial favorável.

Democrata radical, não gosto de gente que se aferra ao poder, qualquer um que seja, desde presidente de nação ou de clube (ou de federações, ou de confederações esportivas) até dirigente sindical, de entidade de classe, síndico de prédio e de entidades estudantis. Assim, não sou dos que verteram lágrimas pelo fim que tiveram os Romanoff, por exemplo. Na verdade, a não ser por alguns detalhes tétricos, achei muito bem-feito.

Completando, finalmente, a afirmativa feita na primeira frase, sou suspeito para falar dos russos por conta do seu talento artístico. À época em que estive lá, no início dos anos 1990, fui ver alguns espetáculos, inclusive um de balé. A situação econômica estava crítica. Sem divisas, não se comprava detergente e os prédios e calçadas de São Petersburgo, cidade lindíssima, estavam encardidos. Não sujos, pois eram constantemente limpos por exércitos de faxineiros, mas encardidos mesmo, já que não eram lavados com produtos que pudessem tirar camadas acumuladas de sujeira. Pelo visto, também não se compravam meias-calças para as bailarinas que exibiam alguns remendos e discretos buracos em seus trajes de dança. Mesmo assim, que beleza de dançarinas! Fortes, mas delicadas, de uma extrema agilidade e técnica refinada, faziam esquecer as poltronas desconfortáveis, a música tocada sem amplificação adequada, a pobreza de cenário e figurinos, e até picadas de insetos. O fato é que as dançarinas tinham orgulho do que faziam, queriam fazer o melhor.

Fomos ver também um grupo vocal, este um show destinado aos poucos turistas que visitavam a cidade naquela época. Músicas do folclore russo eram intercaladas com canções religiosas e melodias superconhecidas no Ocidente. Mas o conjunto vocal tinha um cromatismo de timbres que fazia com que imaginássemos ouvir um alentado coral, e não apenas aquela meia dúzia de afinadíssimos cantores. Um detalhe curioso deste show: o *ticket*, pelo qual pagamos 20 dólares (uma fortuna para eles, na ocasião), incluía um lanche que nos foi apresentado como muito chique: champanhe, caviar e bananas.

Os russos são, contudo, imbatíveis na música clássica. Até meados do século XIX, não passavam de consumidores da música da Europa Central ou italiana. Com o desenvolvimento do capitalismo (bastante tardio, por lá) e a libertação dos servos em 1861, há um acelerado processo de urbanização e a criação de uma classe média sedenta de intercâmbio cultural com o Ocidente. É a partir desse período que aparecem grandes compositores como Glinka, Rimsky-Korsakov, Borodin e, principalmente, Tchaikovsky. Data também desse período o surgimento de grandes violinistas russos (a maioria judeus russos), que criam uma escola de cordas até hoje imbatível. É a partir desse período, mais para a virada do século, que surgem pintores do porte de Kandinsky e Marc Chagall, e mais uma leva de compositores liderada por Stravinsky, Prokofiev e Shostakovitch.

E isso tudo sem falar de Tolstoi e Dostoievsky, dois dos maiores escritores de todos os tempos.

Como não amar a cultura russa?

Para onde vai o Egito?

As notícias que chegam do mundo árabe, particularmente do Egito, estão criando esperança e medo no mundo inteiro. De repente, Mubarak passou a ser um bandido, discutido em rodinhas de chope com a mesma intimidade com que se fala de candidatos à notoriedade confinados em casas ou fazendas televisivas. E com a mesma superficialidade. Os acontecimentos de hoje são explicados com ligeireza excessiva: a divisão dos protagonistas das ruas do Cairo em mocinhos e bandidos com certificado de origem é mais simplista do que aquela com que crianças separam as pessoas como sendo da turma "do bem" ou da turma "do mal". O presidente egípcio passa a ser chamado de ditador (descobriram agora? Até a semana passada não era chamado de "presidente"?), a Irmandade Muçulmana é apresentada como uma espécie de sociedade beneficente, o levante é comparado com aquele que ocorreu na Hungria contra os tanques soviéticos na Guerra Fria, a sociedade egípcia é anunciada como laica, sem interferência religiosa. Puxa, pelo visto fui o único a não ver fotos de homens e mulheres misturados nas manifestações...

Nada como recorrer à História para entender melhor o que está se passando. Não é o caso de ir tão longe a ponto de chegar ao tempo dos faraós ou mesmo ao de Cleópatra: embora a região em que o Egito antigo floresceu e o de hoje se desenvolva seja a mesma (ou quase), não houve uma continuidade cultural que autorize os habitantes atuais a se apresentarem como herdeiros daquele Egito. Invasões, migrações maciças, mudanças políticas e religiosas estabeleceram uma ruptura evidente entre a cultura do Egito faraônico e a do Egito moderno (talvez o único traço comum seja a exploração dos felás, os camponeses). Contudo, a situação das mulheres de hoje talvez seja até pior do que aquela de há 4 mil anos, o que é espantoso. Não se vê egípcias descobertas em lugares públicos, mesmo em restaurantes. As turistas devem tomar cuidado com a vestimenta (o que é razoável, como sinal de respeito), mas nem assim deixam de ser grosseiramente assediadas e até atacadas nas ruas pelos homens. A liberdade de culto é apenas teórica, uma vez que cristãos coptas têm sido objeto de atentados, os judeus, cujas famílias habitaram o país por milênios, foram devidamente expulsos em meados do século XX. A mesma sorte tiveram outros ocidentais de origem grega e italiana, entre outros. Se algo equivalente tivesse ocorrido em algum país ocidental, a grita teria sido ensurdecedora. E com razão. Nada mais fácil para um governante do que encontrar "inimigos objetivos", aqueles apresentados como adversários de toda a nação. Isso tem por função unir o povo em torno de um líder demagogo contra uma minoria determinada. São os famosos "bodes expiatórios", como descreve tão bem o livro homônimo do escritor Bernard Malamud.

A sociedade egípcia não é, pois, tão laica e a ameaça da ascensão da Irmandade Muçulmana ao poder não é uma impossibilidade tão grande. O fato de ela representar em potencial de votos, como andam dizendo, algo inferior a 10% não quer dizer nada. Em situação de crise, de revolução popular, quem toma o poder é quem tem organiza-

112

ção e estrutura para tal, não quem tem a maioria. Exemplos? Hitler não tinha maioria quando seu partido nazista tomou o poder. Os aiatolás não eram majoritários no movimento que derrubou o xá Reza Pahlevi no Irã, mas eram organizados e tinham um projeto de poder. Os bolcheviques (embora o nome signifique maioria) eram minoritários quando dos levantes do início de 1917 na Rússia (então) czarista e chegaram ao poder graças à sua organização e a um projeto de poder que Lenin, habilmente, implementou.

Isso tudo quer dizer que a opinião pública ocidental não deve apoiar o levante contra um chefe de governo que se recusa a abrir mão do poder? De forma alguma. Muito, aliás, pelo contrário. Primeiro porque a ideia de poder contínuo é contrária à democracia. Imaginar um líder que nunca será substituído é contrário ao bom senso. Não é possível que não haja outro ser humano em condições de dirigir o país, o time de futebol, a administração de um prédio... Poder infinito, na duração e na intensidade, distorce a relação entre líder e liderados. Isso vale para o Egito como vale para a Arábia Saudita (também vale, é claro, para Cuba e Venezuela).

De resto, a democratização não apenas formal, mas real, do mundo árabe, poderá oferecer novas perspectivas ao povo, que não precisará ter como opção apenas uma conexão com o que há de pior no islamismo (de resto, uma religião tão boa e tão ruim quanto as demais). Talvez, também sejam rompidos os laços que unem o povo apenas "contra" (contra os EUA, o mundo ocidental, Israel, os cristãos) e seja vislumbrado um horizonte que redundará em uma maior participação dos egípcios nas conquistas da humanidade como direitos civis, políticos e sociais.

113

A Líbia e a "primavera" árabe

Por trás da tão propalada "primavera" do mundo árabe, passam batidas, como verdadeiras, algumas concepções que podem parecer bonitas na boca de analistas políticos, mas que não são exatamente o que parecem. Claro que somos todos partidários de soluções democráticas, aplaudimos a queda de ditadores, mas atenção: generalizações oriundas de premissas incorretas nos levam, fatalmente, a conclusões erradas.

Após o 11 de Setembro o mundo passou a perceber o Islã e os árabes como uma unidade cultural, social e até política. Ora, isso não existe. Da mesma forma que não se pode (e ficamos irritados quando isso acontece) colocar brasileiros e argentinos, uruguaios e bolivianos no mesmo saco latino-americano, não é razoável imaginar o mundo muçulmano como um bloco unido pelos mesmos laços culturais e históricos. Uma nação é um povo com a consciência de um passado comum. Isso não exige que esse passado tenha sido compartilhado pelos ancestrais de todos os membros da nação (ser brasileiro não é uma identidade que solicita de todos nós um atestado de que chegamos nas caravelas de Cabral), mas significa que a consciência do passado comum estabelece vínculos de identidade.

O que aconteceu e como as pessoas se sentem? É bom recorrer à História: o Islã foi, a partir do século VII, um fator unificador de grupos tribais situados às margens do Mediterrâneo, na África subsaariana e em importantes regiões da Ásia. Contudo, mesmo sem falar dos maiores contingentes muçulmanos do mundo (que não se situam no Oriente Médio, mas na Índia, no Paquistão e na Indonésia, por exemplo), e ficando apenas no mundo árabe, é fundamental registrar imensas diferenças. Os libaneses, por exemplo, formam um povo com riquíssima herança cultural haurida tanto da cultura árabe, como da cultura oriental em geral, assim como da ocidental, que os libaneses souberam absorver e assimilar; não se pode dizer o mesmo dos líbios, para os quais as lealdades tribais são mais importantes do que as nacionais – que, a rigor, não querem dizer muita coisa para eles. Assim, enquanto podemos nos referir a uma "nação libanesa", com valores culturais comuns a todos que assumem essa identificação (mesmo que façam parte de crenças religiosas diferentes), não se pode falar de uma identidade nacional líbia. No máximo, podemos dizer que ela está em construção. Fora o ódio, cuidadosamente cultivado contra Israel (afinal, ter um inimigo comum é a melhor forma de espantar lutas internas), os países chamados genericamente de árabes poderiam facilmente ser separados em vários grupos culturais distintos. Aliás, alguns deles estão mais próximos culturalmente de Israel mesmo do que de seus supostos irmãos árabes. Quem viver verá alianças que hoje nos parecem impraticáveis, como a dos povos de Israel e Líbano, por exemplo.

Outra ideia que tem circulado por aí é que, com o fim do chamado socialismo real (aquele da União Soviética e países periféricos), o desenvolvimento de um capitalismo de estado na China e a falta de expressão mundial de países como Cuba e Coreia do Norte, teria ficado para o Islã a tarefa de se colocar como única força anticapitalista e antiamericana. Para alguns poucos, o Islã seria uma espécie de fator revolucionário no panorama mundial.

A ideia é esdrúxula. O Islã já foi uma força nova, revolucionária, nos seus primeiros séculos. Enquanto a Europa feudal, dominada culturalmente pela Igreja, ainda queimava mulheres como bruxas e promovia as cruzadas para exterminar "infiéis" (muçulmanos, judeus e até cristãos "heréticos"), o Islã administrava com tolerância os territórios que conquistara. Na Espanha, em particular (Granada e Córdoba são testemunhas), os governantes muçulmanos permitiram e estimularam o desenvolvimento da medicina, da poesia, da filosofia e da arquitetura, além da agricultura. Agora, contudo, não se pode dizer que o Islã (que demonstrara naquela época um talento tão grande para assimilar culturas e tolerar diferenças) seja um fator revolucionário. Pelo contrário. Ao pregar (e em alguns lugares, ao praticar) a submissão do Estado aos interesses da religião, o Islã não aceita a liberdade de pensamento e de expressão, não permite manifestações contrárias à Verdade oficial. Ora, quando um regime político esgrima com a verdade revelada (portanto, incontestável), ele cala, por decreto, manifestações de parcela importante da população. Isso para não falar da condição das mulheres nos regimes dominados pelo Islã. O que já foi revolucionário é hoje, francamente, reacionário...

COTIDIANO

Cidades precisam ser bem cuidadas.
Quem reside na periferia também
gosta de parques convidativos, rios
sem poluição, um litoral agradável
e um centro histórico preservado.

Nossas cidades, nossos espelhos

Num ano de eleições municipais, os políticos descobrem a periferia, as cidades-satélites, as cidades-dormitório, os cortiços e as favelas. "Bacanas" que nunca desceram dos seus carros para andar pela orla carioca ou pelas calçadas da avenida Paulista, colocam os pés no barro, viajam em trens superlotados, andam em ônibus desconfortáveis, saltam sobre os buracos das ruas sem asfalto do alto de seus pretensiosos ternos de tecido brilhante ou de modelitos adquiridos na França ou no bairro da Recoleta, em Buenos Aires. Pais e mães que nunca tiveram tempo para dedicar a seus próprios filhos riem das gracinhas dos garotos pobres e beijam crianças que lhe são providencialmente colocados no colo pelos assessores pressurosos. Candidatos portadores de descomunais gastrites não recusam cafés muitas vezes requentados e pastéis encharcados de óleo, mesmo sabendo que no dia seguinte seus estômagos reclamarão com veemência. Afinal, vale tudo: ser eleito ou não depende de detalhes muito insignificantes e no mundo midiático em que vivemos, cada gesto é divulgado e amplificado. Não se deve errar.

Claro, são apenas mais algumas semanas, depois tudo volta ao normal. Escudados por um exército de "aspones", regiamente pagos pelo contribuinte, os eleitos só dão o ar de sua graça por meio de boletins de propaganda e aparições públicas. Para o cidadão comum de cidades maiores, falar diretamente com um político depois de eleito é tarefa que exige tempo e paciência, mesmo quando se trata de discutir temas de interesse de toda a comunidade. Talvez seja por isso que as câmaras de vereadores, a não ser em cidades menores em que o contato diário com o eleitor é uma contingência física, estão sofrendo um perigoso esvaziamento. Cooptados pelo poder executivo, os vereadores se transformam em tropa de apoio do prefeito, não em caixa de ressonância da sociedade. Eleitos para representar o cidadão, eles não fazem senão apoiar acriticamente o prefeito, aceitando, com falsa humildade, fatias generosas de poder: a escolha de subprefeitos, administradores regionais, administradores de serviço funerário, de serviços de lixo e por aí afora. Com a oposição reduzida à sua expressão mais baixa, uma vez que os "em cima do muro" pendem sempre para o lado mais forte, muitas câmaras municipais transformaram-se em apêndices caros e inúteis, ou, pior ainda, focos de negócios eticamente discutíveis, para dizer o mínimo.

O legislativo municipal depende de mudanças estruturais. Que uma ampla reforma política é condição para que nossa jovem democracia não morra de inanição ética, sabemos todos. Mas, o que dizer dos candidatos a prefeitos e dos seus projetos?

Será, de fato, tão difícil mudar as nossas cidades para melhor? Sinceramente, não creio. Questões fundamentais como saúde e transportes dependem de verba, mas dependem mais ainda de boa gestão, criatividade e seriedade. Mas há outra questão que não vem sendo discutida e que seria bom que entrasse na agenda dos bons candidatos, que é a cultural.

Por algum preconceito típico de uma sociedade tão dicotomizada como a nossa, há quem creia que baixo poder aquisitivo seja sinônimo de subcultura, enquanto que endinheirados seriam os detentores do bom gosto. Não se pode, é claro, negar a família e o ambiente como formadores do ambiente cultural (há pesquisas que mostram que pais leitores têm mais chance de ter filhos amantes da leitura), mas condicionar não é determinar: há muitos "bem-nascidos" com vocabulário que mal ultrapassa as 300 palavras e filhos de famílias pobres, ou de imigrantes, que se tornaram pessoas cultas no mais amplo sentido que se possa dar ao termo. De resto, várias orquestras sinfônicas espalhadas pelo país têm oferecido programas de música clássica a preços populares com um sucesso impressionante – a Orquestra Sinfônica do Estado de São Paulo é um exemplo superlativo dessa tendência.

O mesmo ocorre com relação à leitura, às artes plásticas, à dança: sempre que o Estado ou a iniciativa privada deixam de atender apenas o centro mais desenvolvido e se voltam para a periferia das grandes cidades (onde mora a esmagadora maioria da população), o resultado de sua investida é extraordinário. Tirar os homens do bar da esquina e as mulheres da frente da televisão, dando opções culturais e de atividades tem que ser prioritário nos programas de governo municipal.

Finalmente, mas não por último, uma observação: preocupados com os votos, em muito maior número, dos pobres e miseráveis, até alguns políticos bem-intencionados se esquecem de dizer o que farão pela imagem da cidade. Ora, com poucas e sabidas exceções, nossas capitais, mesmo quando ajudadas pela natureza, são feias: as ruas são sujas, a pintura das casas já perdeu a cor há anos, a faixa de pedestres já se diluiu no tempo, o asfalto é esburacado ou cruelmente emendado com camadas de todos os tons, placas e luminosos são colocados sem critério, postes e fios afloram como cogumelos, as calçadas são invadidas por estabelecimentos comerciais, bancas de jornal, guaritas de vigilantes etc. etc. Nós gostaríamos muito de viver em cidades mais bonitas, senhores candidatos. Tanto os que moram no centro, como os da periferia, gostaríamos de medidas eficazes contra os carros de pamonha que nos incomodam de dia e contra os bares de todos os níveis que nos incomodam de noite. Mesmo não morando perto deles, e até não passando com frequência pelos cartões postais da cidade, queremos que eles brilhem. Quem reside a quarenta quilômetros do centro quer ser percebido e identificado como morador de uma cidade que tem um lago sem mau cheiro, uma orla agradável, uma área histórica preservada. O ser humano vive de realidades, mas vive também de representações. Esses locais nos representam, da mesma forma como nos sentimos representados pelos maratonistas, cavaleiros e iatistas brasileiros, mesmo que não sejamos capazes de correr sequer 100 metros, tenhamos horror a cavalos e nunca ousado sonhar em passear de veleiro...

121

Senhores prefeitos, mãos à obra

Foi aquilo que se costumava chamar de "festa da democracia": milhares de prefeitos foram escolhidos Brasil afora e preparam-se para tomar posse logo após a virada do ano. Cidades diferentes demandam ações diferentes do poder público, é evidente. Mas há alguns problemas que mexem diretamente com a vida dos cidadãos de todas as cidades médias e grandes do nosso país e que, espera-se, sejam contempladas pelos governantes recém-eleitos, ao lado dos óbvios como saúde, educação e moradia. Vamos a alguns deles. O leitor, seguramente, se lembrará de vários outros:

1. <u>Ruídos</u>: Ao contrário do que muita gente pensa, não é pela sua capacidade de produzir decibéis que se avalia a felicidade de um povo. Contudo, em quase todas as nossas cidades, barzinhos colocam cadeiras nas calçadas até de madrugada para que as pessoas encham a cara, comuniquem-se aos gritos e ainda saiam dirigindo impunemente pelas ruas. Estabelecer marcos

regulatórios, a obrigatoriedade de ambientes fechados com tratamento acústico, licenciamento de espaços não residenciais, horários rígidos de funcionamento, assim como controle de teor alcoólico para os motoristas é obrigação de legisladores e administradores modernos. O cerceamento de veículos vendendo "pamonhas de Piracicaba" e acepipes equivalentes também colaboraria para uma cidade mais tranquila. Em algumas, deveria haver um cuidado especial para com motos de escapamento aberto (não sei em que o ruído ajuda na entrega da pizza) e até com helicópteros que pairam bestamente nas nossas janelas.

2. Trânsito: tudo bem, levamos uma ou outra multa justa, mas onde mesmo estão as faixas de pedestres, as placas de orientação, o asfalto liso e sem armadilhas mortais, a punição para os que se recusam a viajar pela faixa da direita, mesmo andando a 60 km por hora na rodovia dos Bandeirantes? Os prefeitos de São Paulo, Rio e Belo Horizonte encheriam as burras da prefeitura fazendo exames de teor alcoólico em motoristas que frequentam bares na Vila Madalena, Leblon ou Savassi, por exemplo, e ainda fariam um enorme bem para a saúde pública e para a segurança dos demais motoristas e pedestres.

3. Estética: nossas cidades são muito feias. Fomos capazes de comprometer até trechos do Rio, joias coloniais como Ouro Preto e cidades antes elegantes como Campinas. Alguns trechos de Brasília estão horrorosos. Placas, luminosos, painéis e faixas de todos os formatos, cores e materiais tiram qualquer possível homogeneidade de ruas e logradouros. Mesmo nos bairros mais elegantes, não se dá a mínima atenção para os que, à custa da diminuição da calçada, aumentam a garagem, constroem guaritas, plantam agressivas coroas-de-cristo, fazem brotar bancas de revistas, estabelecimentos comerciais clandestinos e por aí afora. É só sair das avenidas cartão-postal que nos deparamos com nossa face mais feia, improvisada, sem regras

claras. É o famoso proibido permitido que, além de tudo, enriquece fiscais corruptos. Pode-se dar uma boa melhorada nisso.

4. Cultura: a única diferença significativa entre o homem e os demais animais é a capacidade de produzir e incorporar cultura. Assim sendo, é um direito básico do cidadão ter acesso aos bens culturais. Quanto mais universal for sua cultura (em conteúdo, mesmo que sua forma seja nacional, regional ou até local) melhor terá sido o desempenho das autoridades responsáveis pela área. Há, por vezes, um compreensível, mas lamentável equívoco, de pessoas até bem-intencionadas, que confundem a cultura de raiz nordestina ou gaúcha com o produto que a indústria cultural impôs para substituir carências que pessoas pobres ostentam ao perder parte de suas raízes. Assim, querendo ser generosos, mas sendo apenas preconceituosos, vários secretários de cultura andaram impingindo apenas forrós e festas pseudossertanejas na periferia das grandes cidades, julgando que nordestinos e pobres não têm capacidade para apreciar Beethoven, um bom livro ou arte plástica de qualidade. Cultura se ensina e se aprende, senhores, e desta vez espera-se que se permita a toda a população um contato com a chamada grande cultura, sem prejuízo, é obvio, do acesso à cultura de raiz autêntica. Eu ficaria maravilhado se, ao lado dos ícones da cultura universal, os habitantes das periferias tivessem o direito de conhecer seus próprios gênios, como os escultores Manuel da Marinheira (de Boca da Mata, Alagoas), Nuca (de Tracunhaém, Pernambuco) ou Antônio Julião (de Prados, Minas Gerais) e tantos outros.

Corruptos Anônimos

Cada um de nós já se deparou com um ex-alcoólico. O camarada conta o número de dias que está sem beber, não se aproxima de uma taça de vinho ou de um copo de cerveja, evita até festas de família e outras situações em que possa ser tentado por um drinque. Sabe, por experiência própria e de seus colegas, que não é um abstêmio. Mesmo 20 anos depois de parar de beber. Foi e continua sendo um alcoólico e necessita fiscalizar-se todos os dias, 24 horas por dia, porque nunca conseguirá beber "socialmente". Se tomar uma, tomará todas. É um autêntico alcoólico anônimo.

E os gordos, então? Quem já foi gordinho na adolescência vai se ver eternamente como um gordo. Conheço um fulano que era muito guloso na infância. Quando ia a festas de coleguinhas de escola fazia a alegria das mães que se aventuravam a preparar, sozinhas, os salgadinhos sem recheio e os brigadeiros gosmentos e superaçucarados. Enquanto a turma disputava corrida de saco ou brincava de esconde-esconde, ele, feito uma draga, detonava a mesa de comida.

Quando chegou aos 16 anos e viu não ter sucesso com as garotas, tomou a decisão de emagrecer. Fechou a boca, fez judô, natação, corrida, musculação, alongamento e tornou-se um "gato", no parecer das meninas. Namorou todas que pôde (e até algumas que não pôde, mas namorou assim mesmo), casou-se, teve filhos, tornou-se empresário de sucesso, magérrimo, com o rosto até um pouco chupado. Mesmo assim, até hoje conta calorias. Jantar com ele é um tormento, já que fiscaliza o número de azeitonas comidas pelos convivas ou dispara um número, supostamente preciso, sobre as prováveis gorduras que aquele filé traz consigo. É um verdadeiro gordo anônimo. Mais de duas décadas passadas após seu período de "robustez" não foram suficientes para fazê-lo acreditar no espelho. O fato é que se conhece. Sabe que continua amando comida, especialmente doces e que qualquer pequeno abuso poderá levá-lo a reincidir e voltar a ser gordo. Por se conhecer, se cuida.

Nelson Rodrigues, com seu talento, descreveu em várias peças um tipo que poderíamos caracterizar como o devasso anônimo. Uma figura que destila moral o tempo todo, revolta-se contra o biquíni, o vestido curto, a calça comprida feminina (particularmente quando justa), a liberdade de costumes, o sexo prazeroso. Todos nós conhecemos certos pais de família que, quando solteiros, foram predadores sexuais que conquistavam e largavam garotas inocentes e sequer pagavam o aborto quando a coitada engravidava. Pois esse tipinho, agora, controla os horários das filhas, fiscaliza suas gavetas com chaves falsas que mandou fazer, pergunta ao farmacêutico da esquina se a menina compra pílula anticoncepcional. Sua relação com a mulher é fria e burocrática, prazer para ele é sinônimo de pecado. Numa festa, não consegue olhar as demais mulheres nos olhos, resmunga contra os decotes excessivos, os vestidos de alcinha, o tecido marcando a calcinha. Continua um devasso, não praticante, mas pronto para cair na gandaia, que sabe inevitável, se se deixar tentar. Não é um moralista, é um devasso anônimo. Pensando bem, um moralista é, no fundo, um devasso anônimo...

Quando trabalhava numa universidade no interior paulista, tinha um colega que chegava diariamente às 8 da manhã, saia às 12 para almoçar, voltava às 13 horas e ficava trabalhando até as 18, a não ser em dias de aula. Como a maioria dos colegas se permitia horários bem mais elásticos (alguns porque trabalhavam em casa, ou em arquivos, outros porque não trabalhavam mesmo), perguntei-lhe o porquê de seu comportamento. Disse-me ser um cara preguiçoso e desorganizado. A vida toda sua escrivaninha foi uma bagunça e sua condescendência para consigo mesmo não tinha limites. A duras penas terminou a faculdade. Quando entrou no mestrado transformou-se num legítimo CDF, mas com medo de reincidir e voltar ao que tinha sido. Pronto, eu havia encontrado o preguiçoso anônimo.

Como vê, meu leitor, a lista é muito extensa. Dizem até que pode incluir um espécime bastante comum no Planalto (neste e em vários outros), o corrupto anônimo. O tipo já foi pilhado, há algum tempo, apropriando-se de bens públicos, arrependeu-se, pediu perdão e foi perdoado. Passou a criticar corruptos e corruptores e a apresentar-se como modelo de virtudes. Durante um bom tempo, ficou longe da tentação de aumentar fácil e rapidamente o seu patrimônio, utilizando-se de funções públicas. Tinha medo de não poder resistir. Mas ao contrário de alcoólicos, gordos, devassos e preguiçosos, conta com um trunfo: se reincidir, será novamente perdoado. Afinal, brasileiro tem memória curta mesmo.

O fim do Natal?

Hotéis e resorts estão com a lotação esgotada para este Natal. Com o processo de valorização das empregadas domésticas, já não está tão fácil às donas de casa conseguirem ajuda para uma ceia e um almoço, como antes era comum, daí a solução mais simples de fazer fora as refeições. Os maridos brasileiros não são muito dados ao serviço doméstico mesmo, assim, elas aproveitam para alguns dias de férias extras em pleno dezembro. A imagem de um Natal aconchegante, vestido de lã vermelha, é coisa do hemisfério norte, fica bem por lá e nos filmes salpicados de neve, não aqui, onde o tempo quente estimula as viagens à praia. Além disso, temos uma explosão de consumo decorrente da tão propalada "ascensão social", que faz com que estradas, ônibus e aviões fiquem mais lotados do que nunca.

Aparentemente, pois, apenas motivos de caráter econômico explicam a diminuição da comemoração do Natal nos lares brasileiros. Mas não é bem assim. O fenômeno precisa ser compreendido dentro de um quadro bem mais amplo, o da laicização do Ocidente. De fato, a cultura religiosa tem sofrido perdas importantes. Claro que alguém poderá esgrimir com números de venda de bíblias ou de um livro do líder de uma igreja neopentecostal como provas contrárias ao meu argumento. O fato, contudo, é que a cultura religiosa, a cotidianização da religião, a prática diária dos mandamentos e o conhecimento razoável da fundamentação filosófica têm diminuído de uma maneira assombrosa. O papa ensina que o catolicismo é contra a camisinha, a pílula anticoncepcional, o divórcio e até o aborto, além do sexo pré e extramatrimonial. E todos nós sabemos (e as pesquisas confirmam) o que de fato se passa com a população suposta ou declaradamente católica: casamentos informais, sexo prazeroso e não com função de reprodução e (ainda bem) uso de camisinha e de outros métodos anticoncepcionais condenados pelo Vaticano.

Na Idade Média ocidental, as coisas eram bem diferentes. As pessoas não eram convidadas a praticar uma religião, mas obrigadas a fazê-lo. Não se pode dizer que primava-se pelo direito da escolha. Dona do monopólio do saber, a Igreja desconfiava das mulheres que conheciam ervas e suas aplicações e resolvia a questão queimando viva aquela que denunciavam como bruxa. Lembro-me sempre de dona Etelvina da minha infância, em Sorocaba, uma senhora gorda de voz tranquila, a quem minha mãe me levava para um chá que acabava com a tosse que insistia em me acompanhar nos primeiros anos de vida. Como ela (dona Etelvina) sempre entregava as folhas com uma benção, teria sido sem dúvida assada pela Santa Madre Igreja se nosso Estado não fosse laico. A evolução do Ocidente é, pois, visível com a separação entre Estado e religião, algo que se difundiu e se tornou comum, pelo menos depois da Revolução Francesa. E lá se vão mais de dois séculos desde que ela ocorreu...

O perigo de um Estado estar vinculado a uma religião é que enquanto Estados devem ser regidos por leis que são estabelecidas a partir do império da razão, religiões trabalham com verdades oriundas de dogmas de fé, portanto, indiscutíveis. Fé e razão transitam, pois, em estradas diferentes. Não que alguém não possa ser um bom cidadão e um membro de alguma religião, mas como já foi dito há muito tempo, "a César o que é de César e a Deus o que é de Deus". Qualquer César e qualquer deus, por suposto. E aqui vemos uma das muitas ironias da história: enquanto no Ocidente as religiões perderam poder político, o que é muito bom, em certas regiões do mundo, particularmente – mas não só – no mundo muçulmano, tem acontecido o contrário. De dirigentes sábios, que compatibilizavam a sabedoria dos árabes com a dos povos cristãos e até com a dos judeus (enquanto a Europa cristã queimava "bruxas"), vários líderes muçulmanos encaramujaram-se e pregam o que há de mais excludente em sua religião, mostrando a impossibilidade de convivência com o Ocidente.

Não que vivamos no melhor dos mundos. A competitividade desenfreada, a necessidade desesperada de ter, de ostentar (carros, aparelhos eletrônicos, litros de silicone nas partes), tudo isso é bastante doentio, mas a liberdade de ir à praia usando biquíni, falar o que se quer, votar em quem se deseja, torcer para o time do nosso agrado, ler o que desejamos não tem preço.

Então, o Natal acabou? Não creio, apenas mudou de forma. Ou voltou a formatos que já teve, com mesas grandes nos hotéis, como se fosse uma Páscoa comunitária, com gente dourada do sol tropical. E com as mães se libertando de mais esse afazer. O que não é pouco.

Negro, mas com carinho

Fim de jogo. O São Paulo Futebol Clube vence mais uma partida da Copa Libertadores da América. Jogadores são entrevistados, 40 mil torcedores festejam a vitória sobre um time argentino. De repente, algo estranho acontece no campo: um delegado de polícia intima Desábato, jogador do time adversário, a comparecer a uma delegacia para prestar declarações sobre possível ato racista praticado por ele. O jogo em si passa a ocupar um lugar secundário. Todos se concentram naquela situação incomum. O que acontecera, no final das contas? Aparentemente, nada muito atípico: ainda durante o primeiro tempo, o jogador argentino havia chamado o atacante são-paulino de "negro", de forma depreciativa. Este reagira, empurrando o rosto do jogador do Quilmes, e por isso fora expulso pelo juiz da partida. O assunto talvez não fosse adiante, mas algo diferente marcara o episódio: 1) o jogo estava sendo transmitido ao vivo pela mais poderosa rede de televisão brasileira; 2) o narrador do jogo, Galvão Bueno, chamara a atenção para o episódio e as câmaras mostraram o movimento dos lábios do argentino; 3) diretores do São Paulo e torcedores ilustres ficaram revoltados com a situação e resolveram levar o caso adiante.

Assunto de mídia, todo mundo dá palpite. Entre os mais idiotas está a ideia de que "argentino é assim mesmo", o que, além de mostrar um preconceito boçal contra o povo vizinho, absolve as agressões feitas aos negros, todos os dias, por brasileiros.

Mas, se manifestações racistas são bastante comuns, por que punir exatamente esta? Ora, mulheres agredidas pelos seus companheiros, crianças vítimas de abusos, políticos e funcionários públicos corruptos também são bastante comuns, nem por isso algo menos condenável. Exatamente por ser comum é que uma atitude criminosa deve ser coibida, do contrário, o comum se transforma em normal.

Alguém disse que chamar um negro de negro é tão condenável (ou não condenável, no caso) quanto chamar um branco de branco. Outro lembrou que na Argentina "negro" ou "nego" é uma palavra carinhosa e por aí afora. Esse tipo de argumento lembra meu professor do antigo Ginásio do Estado, de Sorocaba, que ensinava que passar a mão na cabeça de um colega e lhe dizer algo como "aí, hein, seu filho da..., fez três gols na pelada hoje" é bem diferente de chegar para o mesmo colega e, sem mais, atirar-lhe na cara um seco e duro "filho da...". Sabemos todos, e é cinismo fingir que não, que o momento, a circunstância, o tom de voz, a expressão corporal do emissor são formas de qualificar o conteúdo do juízo emitido. Tenho a certeza de que o "negro" com que Desábato "presenteou" Grafite não tinha nenhuma conotação carinhosa. De resto, há uma regra básica para saber se estamos ou não agredindo o interlocutor de maneira preconceituosa: basta perguntar a ele.

O fato é que o episódio teve o mérito de trazer a discussão para a primeira página dos jornais, assim como para todas as rodinhas, tanto na universidade e nos círculos de classe média, quanto nos pontos de táxi e de ônibus e filas de banco. Só se falava disso. Ótimo. Que sirva para pensarmos no assunto e melhorarmos nosso comportamento.

COTIDIANO

Que sirva também para a Europa se espelhar, ela que não está cuidando do problema com a seriedade que ele merece (na Itália, na Rússia e até na Grécia, episódios racistas têm acontecido no futebol com frequência preocupante). A Europa, aliás, não tem sido um bom exemplo de hospitalidade: necessita de trabalhadores estrangeiros e os trata mal. Precisa dos jogadores sul-americanos, africanos e caribenhos e os segrega. Nós, americanos, tivemos, ao longo do século XX, uma enorme presença de imigrantes, que, na sua maioria, foram incorporados e absorvidos pela sociedade, renovando-a e dando impulso positivo à economia. Mas continuamos em dívida com os descendentes dos africanos, cujos ancestrais trouxemos para cá à força.

Num momento em que nos voltamos a uma necessária revisão de nossas relações com o povo negro, não podemos mais admitir cenas de racismo explícito. No futebol ou fora dele. Ao vivo, em cores, para todo o Brasil, ou no dia a dia, sem holofotes.

Politicamente incorreto

Têm razão aqueles que temem a censura prévia para textos no Brasil. Ainda há poucos anos, muitos de nós sofremos com a determinação do "isto pode, isto não pode" vinda de censores ou diretamente dos quartéis. Jornais, livros, letras de música, atividades docentes eram objeto da mordaça, impedindo a livre manifestação de artistas, intelectuais e jornalistas. Eu mesmo fui vítima da "censura prévia" governamental, que por este instrumento inviabilizou a continuidade das revistas *Debate & Crítica* e *Contexto*, que dirigi ao lado dos sociólogos Florestan Fernandes e José de Souza Martins e que tinha no conselho editorial intelectuais como Sérgio Buarque de Holanda, Francisco Iglésias, Paul Singer, Maria da Conceição Tavares e Fernando Henrique Cardoso, entre muitos outros.

Censura prévia, salvo engano, não parece ser a intenção da cartilha *Politicamente correto*, publicada pelo Ministério da Justiça. O fato é que, embora a relação entre os grupos étnicos e de origem, no Brasil, seja diferente daquela que acontece nos Estados Unidos, estamos longe de ser generosos para com as chamadas minorias. As pessoas podem achar muito divertido contar piadas sobre o trabalho malfeito dos negros, a "viadagem" dos homossexuais, a inferioridade das mulheres, especialmente se forem bonitas e mais especialmente se forem loiras, a paixão pelo dinheiro dos judeus, a ignorância dos caipiras, "baianos" e "paraíbas" e por aí afora. Não será o caso de perguntar para os homossexuais e as loiras, os judeus e os negros, os nordestinos e os interioranos se eles também acham graça nas piadas?

Claro que "sapatão" é pejorativo, assim como "baianada". Claro que nuvens de chuva são negras, ou cinzentas, e isso não ofende ninguém. Sejamos sérios, só para variar. Quem nunca foi vítima de discriminação ou não teve a sensibilidade para acompanhar o sofrimento de quem é discriminado diariamente, pode achar tudo muito divertido. Quem acha que ser chamado de "doutor" pelos serviçais é a glória, não se dá conta do "preconceito nosso de cada dia", aquele que está tão presente em nossa sociedade que parece fazer parte dela, naturalmente.

Só que nada é natural, é tudo social. O "negro" ofensivo que disparamos não se refere à cor da pele, à quantidade de melanina, mas é uma categoria de pensamento elaborada por uma sociedade que marginaliza, para depois integrar (desde que, é claro, "o negro saiba o seu papel"). A mulher é "barbeira", não porque tenhamos comprovado a necessidade do pênis para lidar com o volante de um carro, mas porque, conscientemente ou não, partimos do pressuposto (preconceituoso) de que a mulher é inferior, portanto incapaz de desempenhar a contento algumas atividades "de homem", como dirigir...

É importante alertar as pessoas para essas questões? Evidente, desde que queiramos, seriamente, enfrentar problemas que cindem a nossa sociedade. Muita gente, por trás de aparente defesa da democracia e da livre manifestação, quer mais é que as coisas se transformem desde que fiquem como estão. Para muitos de nós parece "natural" que num apartamento de 400 metros quadrados o "quarto de empregada" não tenha mais que 2 metros quadrados, que ela tenha que dormir quase em pé e a ducha do seu chuveiro deságue diretamente

135

no vaso da privada. Afinal, ela é a "empregada", além de "mulher", "negra" e "baiana" e "do lugar em que ela vem, nem isso ela tinha", não é mesmo?

A cartilha está equivocada? Exagerada? Corrijam-se as distorções, depois de se ouvir o que diferentes setores da sociedade têm a dizer. Escritores, jornalistas, linguistas especialistas em análise de discurso, antropólogos, grupos que congregam cidadãos que se sentem prejudicados, todos devem falar e ser levados em consideração. Se o objetivo da cartilha for listar e proibir, ela está errada. Mas se é alertar e educar, ela talvez possa ser muito útil. O fato é que fazer piadinhas é fácil, principalmente quando a vítima é o outro. Todos nós adoramos nos divertir, mas tem que ser à custa da humilhação do outro?

O macho tem futuro?

Em muitos lugares do planeta, o avanço das mulheres é flagrante. Hoje já está comprovado que elas leem mais do que os homens. Numa sociedade em que a utilização de força física já não é tão importante (a não ser pela mania, um pouco excessiva, da modelagem corporal por meio de exercícios e intervenções cirúrgicas, e pela famigerada violência doméstica), o controle social tende a ficar nas mãos de quem sabe mais, cria, configura (formata) e controla o conhecimento. Por ler mais, estudar mais, doutorar-se mais, dedicar mais tempo à sua formação, a mulher tende a ocupar espaços cada vez maiores. Pelo menos no Ocidente.

Enquanto isso, o homem, estimulado a competir desde muito cedo, busca apenas aperfeiçoar suas armas para "vencer", a qualquer custo. Todos temos amigos e conhecidos que não leem a não ser o mínimo necessário para melhorar o desempenho de suas tarefas profissionais. O resultado são pessoas desinteressadas e desinteressantes, incapazes de se relacionar com seus iguais num nível um pouco mais alto. Destituídos de espírito, consumidores compulsivos, são seres carentes de cultura.

Ora, o principal traço que distingue o ser humano de todos os demais animais é nossa capacidade de produzir, sistematizar, transmitir e usufruir cultura. Um corolário dessa afirmação é que somos humanos na medida em que somos cultos. Poderia alguém argumentar que cultura é um conceito muito amplo, uma vez que alcança toda a produção material ou simbólica do gênero humano. Assim, escovar os dentes, ligar a cafeteira e o fogão, dirigir o carro, entrar num edifício, sentar numa cadeira, usar o computador ou rezar para algum deus que nós criamos seriam manifestações de humanidade.

Não é disso que estamos falando, é claro. Cultura está sendo usada aqui num sentido mais estrito, no de manifestações como as obras de Leonardo da Vinci e Michelangelo, a música de Bach e Beethoven (Tom Jobim e Chico Buarque também), a literatura de Thomas Mann e Machado de Assis, o cinema de Woody Allen e muito mais.

Dá uma enorme tristeza ver profissionais competentes, mas culturalmente despreparados, que não sabem curtir um bom concerto ou um bom livro. Por outro lado, usam a emoção para ver filmes banais e escutar músicas piegas. Não, não se trata de gosto, apenas. Cultura se aprende e gosto se burila. Como é que um executivo, que conhece as patifarias da sociedade de massa, pode se deslumbrar com produtos da indústria cultural concebidos e produzidos por marqueteiros e divulgados a custa de jabaculês?

Há que se investir na cultura. Ideias idiotas, como a de que ler é chato, só podem partir de pessoas que nunca aprenderam a ter prazer na leitura. O acesso a bons filmes talvez possa evitar o processo de infantilização de adultos (comédias idiotas, desenhos elementares, personagens sem conteúdo). Visitando bons museus, as pessoas estabelecem um contato mais estreito com importante parcela do patrimônio cultural da humanidade preservado nesses espaços. A boa música, popular ou clássica, ajuda a desenvolver a nossa sensibilidade.

Pouco instrumentalizados para o que está para chegar nas próximas décadas (enquanto as mulheres continuam se preparando para o futuro), nós, homens, ainda agimos como nossos pais (e avós): acreditamos que manifestações de afeto podem ser expressas materialmente. Entupimos os quartos de nossos filhos com brinquedos em troca do carinho que não encontramos tempo de oferecer. Destinamos às nossas mulheres flores, joias e jantares caros como substitutos de conversas inteligentes, amor e sexo. São soluções pobres, de machos desorientados. Que estão correndo grande risco de perder a hegemonia.

138

São Paulo, cidade nacional

São Paulo é o maior destino turístico brasileiro. Para cá, afluem milhões de pessoas, brasileiros e estrangeiros, a cada ano. Ao contrário do que acontece em balneários, essa gente não fica parada nas inexistentes praias da Pauliceia, mas se locomove o tempo todo: elas compram roupas, frequentam livrarias, vão ao teatro, ao cinema e a concertos, buscam restaurantes, pizzarias e churrascarias, terminam a noite em baladas e acordam cedo para reuniões de trabalho, pretexto de muitos para virem a São Paulo.

Qual Nova York tupiniquim (nunca Miami ou Orlando, São Paulo é cidade séria), exerce papel civilizador, tanto em seus moradores quanto entre os visitantes.

Única cidade nacional do Brasil (o Rio de Janeiro já o foi; Brasília é sede do poder, não uma cidade "natural"), São Paulo recebe e absorve brasileiros e estrangeiros. Aqui, ninguém canta hinos regionais, nem bate no peito exaltando a identidade local. Antes de ser paulista, o paulistano é um brasileiro.

Pode parecer paradoxal, mas essa cidade de brancos e negros, italianos e japoneses, judeus e libaneses, coreanos e bolivianos, é a única grande cidade brasileira que temos. Por ter consciência de sua força, São Paulo não pergunta onde nascemos, de que estado chegamos, qual é o nosso país de origem. E, por ser verdadeiramente nacional, São Paulo é acolhedora, a seu modo, pois permite que cada um mostre a que veio.

Problemas? Temos e muitos. Várias ruas, disputadas a buzinadas durante o dia, vão se tornando desertas à noite. Fora das artérias principais, tem-se a sensação de uma cidade-fantasma, entregue aos vigilantes de quarteirão. Habitação, saúde, educação de qualidade ainda são problemas por aqui. A violência incomoda a todos, embora seja mais frequente nos bairros da periferia.

Tanto os ricos quanto os habitantes da classe média não caminham mais: saem do edifício em que moram e chegam ao serviço de automóvel. Não têm mais ideia de como é andar e descobrir nossa metrópole.

Não reparam no brilho das folhas das tipuanas e sibipirunas, nem ao menos sabem que jardins públicos e até algumas ruas mais arborizadas ostentam mangueiras, jabuticabeiras, pitangueiras e amoreiras, além de surpreendentes pés de café.

Poucos são os que notam os sabiás, bem-te-vis e sanhaços saltitando em busca de alimento. São Paulo tem hoje mais pássaros do que tinha há décadas, graças ao crescimento das árvores daqui e à utilização assassina de agrotóxicos nas plantações do entorno da metrópole.

Ao contrário do que muitos lá fora afirmam, a cidade é cordial, só não é falsa. Quando convidamos alguém para "aparecer", marcamos data e horário. Aqui apenas os amigos são amigos e os conhecidos, conhecidos. Aqui ninguém é "meu rei": somos todos cidadãos. Nada contra as cidades onde a efusão substitui a sinceridade, mas aqui somos sérios e responsáveis, evitamos promessas vãs.

São Paulo é trabalho, sim, mas também é cultura, é educação, é criatividade. É para cá que vêm aqueles que querem se testar, saber se fazem bem o que fazem. Aqui há mercado para as óbvias peças teatrais de artistas de novela, mas também para as notáveis encenações do grupo Tapa; para shows monumentais de rock e para os concertos na Sala São Paulo; para o pastel de feira e para a gastronomia sofisticada.

De resto, São Paulo tem sorte de aniversariar em janeiro. As crianças ainda não voltaram para a escola, o que é bom para o trânsito. No fim da Idade Média, dizia-se que nas cidades é que se respirava o ar da liberdade. O dramaturgo grego Sófocles lembrava que não há nada mais fascinante para o ser humano do que o próprio homem. É por isso que nos juntamos em cidades. Apesar do trânsito, dos medos, dos preços altos, do transporte ineficiente, dos governantes incapazes, amamos as cidades. E São Paulo, esta cidade nacional, merece ser bem tratada por todos nós.

A reconciliação necessária

Ao longo do século XIX, muitos povos transformaram-se em nações e organizaram seus Estados. Uma comunidade de pessoas que assumem ter um passado comum e buscam uma estrutura política que dê sustentação aos seus anseios: esta costuma ser a sequência historicamente constatável.

Conosco, no Brasil, aconteceu o contrário. Em 1822, foi criado um Estado, sem que houvesse uma nação que, de fato, o reivindicasse. Claro, não se pode dizer que nossa independência foi apenas, e literalmente, um acordo de pai para filho, mas também não se justifica imaginar que o desejo de alguns intelectuais, comerciantes, burocratas e proprietários de terra foi um movimento popular.

Afinal, com a Independência não houve alterações na situação dos escravos, e estes representavam um contingente importantíssimo da população. Não se perguntou também aos índios se eles preferiam ser governados por portugueses ou por um português abrasileirado. Pequenos proprietários rurais, artesãos, mulheres em geral não foram consultados, nem ficaram particularmente entusiasmados com nosso 7 de setembro. Sim, no Brasil, o Estado precedeu a Nação.

Foi uma espécie de pecado original da nossa formação histórica que explica, em parte, o divórcio existente entre o Estado e a Nação. Para a população, o Estado é "eles", não é "nós". Ele não passa de um elemento estranho à população, cuja função deveria ser a de organizar a Nação, por meio dos seus três poderes, o Executivo, o Legislativo e o Judiciário. Para nós, do lado de cá, a sensação é a de que o Estado tira mais do que dá.

Todos, desde o empresário mais poderoso até o trabalhador mais modesto, todos achamos que os agentes do Estado (ou seja, "eles") não trabalham e ganham muito, têm muitos privilégios, aposentam-se com salário integral, gozam de férias excessivas. Além disso, utilizam exageradamente, e em proveito próprio, as benesses do poder, sejam elas carro com motorista e chapa fria, sejam viagens de passeio contadas como de trabalho, sejam séquitos de assessores colocados à disposição dos donos do poder, "eles".

Por outro lado, nós, o povo, pouco fazemos para mudar a situação. É bem verdade que o Brasil é uma democracia muito recente e ainda estamos aprendendo a utilizar nossos direitos, mas já poderíamos escolher e fiscalizar bem melhor. Nem em nossos municípios nos comportamos como cidadãos, nossa preocupação nunca é a cidade, mas o buraco diante de nossa casa que, uma vez tapado, tapa também a nossa boca por um bom tempo. Não percebemos nossos prefeitos como executores de nossa vontade (não a individual, é claro, mas a coletiva), não participamos sequer das assembleias de nosso condomínio, quanto mais de comissões de interesse de nossos municípios.

Algo precisa ser feito para romper a desconfiança mútua entre os poderes, mas mais ainda aquela que demarca a fronteira entre o Estado e a Nação. Não podemos nos unir, como Nação, apenas a cada quatro anos, quando nossa seleção de futebol disputa a Copa do Mundo; não podemos chorar, todos juntos, apenas duas vezes por ano quando a novela das oito entra na sua dramática última semana. Não dá para ser brasileiro apenas quando estamos fora do Brasil, como trabalhadores, ansiando pelo feijão com arroz de cada dia, ou como consumidores compulsivos, tomando caipirinha em Miami ou em Barcelona. Nossa identidade exige uma reconciliação entre Estado e Nação, entre povo e aparato jurídico-político. Acreditar nas instituições seria um bom caminho a percorrer, mas como acreditar se desconfiamos dos políticos e não acreditamos na Justiça, lenta e falha?

Talvez estejamos (será isso otimismo excessivo?) presenciando, agora, um momento histórico, que vai muito além de briga entre partidos. Sim, trata-se do julgamento do mensalão, como se tornou conhecido. Aqui de fora, não nos cabe julgar quem quer que seja. O que não queremos, contudo, é que, uma vez mais, graças aos milhões despejados em advogados (e da famigerada "justiça de classe"), eventuais culpados deixem de pegar a pena merecida.

Os juízes do Supremo Tribunal Federal estão tendo a oportunidade de dar um aviso claro àqueles que se habituaram a transformar o patrimônio público em seu patrimônio, àqueles outros que se especializam em comprar favores de altos funcionários, a todos, enfim, que "confundem" deliberadamente o público e privado. Nossos ministros podem (e acredito que o farão) dar um aviso claro sobre nossa lei: ela é para valer. Nós, o povo, queremos penas justas a quem as merece e, além disso, queremos que sejam cumpridas. Chegou a hora de fazer história, de reconciliar o Estado com sua Nação.

EDUCAÇÃO

A função da escola é descobrir,
ressaltar e estimular talentos,
sem transformar alunos em
competidores sanguinários,
predadores dispostos a matar
ou morrer em nome da vitória.

O Japão não é aqui

Quando o Japão se viu ameaçado por barcos de guerra ingleses e americanos exigindo que abrisse mão do seu isolamento e se integrasse no comércio mundial (ou seja, ocidental), a primeira reação do país foi de lutar para preservar seus valores e sua cultura milenar. Aos poucos, porém, chegou à conclusão de que o contato era inevitável e que os japoneses deveriam se preparar para o que vinha. E fizeram isso de forma organizada, começando do começo: missões do governo foram encarregadas de estudar as vantagens da educação ocidental; para isso, foi criado, em 1871, o Ministério de Educação. O ensino buscava ser universal e de qualidade. Sem perda de identidade, substituía-se a especulação intelectual, baseada apenas na tradição, pelo ensino de ciência. Um relatório dava conta de que, "sendo as pessoas comuns pobres e iletradas, a riqueza e o poder de todo o país acabam sendo prejudicados".

Levou algum tempo para que os camponeses japoneses percebessem que havia vantagens práticas em deixar as crianças adquirirem alfabetização básica e habilidades com os números. Houve ainda alguma reação contra uma "excessiva abertura" para as meninas, sendo necessário incluir no currículo delas certas habilidades domésticas, mas o importante é que já na virada dos séculos XIX para o XX, todas as crianças estavam na escola. Ou seja, um século antes do que viria a acontecer no Brasil (que só agora conseguiu colocar todas as crianças na escola), o Japão fazia isso. Fato notável, ainda mais se considerarmos que, segundo o importante livro do historiador americano Peter Stearns, *A infância*, em 1860 os dois países estavam mais ou menos no mesmo nível nesse aspecto.

É apenas mais um caso sobre o papel que a educação pode desempenhar quando um país se arma de determinação, planejamento e vontade política. Peguei o exemplo japonês ao acaso. Que dizer da Coreia, em que escolas tiveram um papel central na modernização do país nas últimas décadas do século XX? E, mais recentemente ainda, da Índia, que criou uma geração de especialistas em informática, que hoje povoam laboratórios de pesquisa, universidades e fábricas de programas de computador dos principais países do mundo ocidental?

Cuba alfabetizou uma população miserável em poucos anos, graças a um empenho coletivo da sociedade e do governo. Israel promoveu a inclusão cultural de judeus vindos das civilizações mais distintas por meio da escola pública e obrigatória de qualidade. A educação de qualidade existente na Rússia, tanto quanto o petróleo, foi responsável pelo salto econômico que o país, aparentemente falido, deu nos últimos 10 ou 20 anos.

Estamos falando de educação como prioridade nacional, educação que concorra para a democratização da sociedade. Educação como meta estratégica do governo. E isso, evidentemente, não existe no Brasil. Pelo contrário, em vez de escola pública de boa qualidade para todos, há um investimento em cursos superiores que acabam não alcançando seus objetivos educacionais.

O panorama atual no Brasil não é dos mais animadores. O rebaixamento da exigência para se entrar (e sair) de um curso superior

EDUCAÇÃO

tem criado uma enorme quantidade de bacharéis e licenciados que não conseguem ingressar no mercado de trabalho em suas áreas de especialização. Assim, já se encontram em nosso país motoristas de táxi que fizeram Direito, telefonistas que concluíram Comunicação, digitadoras que terminaram Psicologia. Não que suas atividades atuais tenham algo de errado ou vergonhoso (muito pelo contrário), mas, convenhamos, há aqui um investimento excessivo para uma formação que poderia ser obtida com menos esforço, tempo e dinheiro. Mesmo quando consegue trabalhar em sua área de formação, não é raro que os salários sejam ínfimos, muitas vezes em função da baixa qualificação do diplomado.

Ora, como dizia Octavio Ianni, nem todos precisam ou devem fazer uma faculdade. Saúde pública, saneamento básico, direito ao trabalho, a uma aposentadoria digna, à cultura e ao lazer, isso, sim, o Estado deve providenciar. E, acima de tudo, educação fundamental de qualidade, que forneça instrumento para o jovem prosseguir nos estudos se tiver talento para tanto. Um projeto de Nação, para ser sério, precisa oferecer igualdade de oportunidades, não simplesmente afagar a mediocridade.

A escola que queremos

Um amigo jornalista, setenta e tantos anos bem vividos, ao ser convidado para escrever um livro, saiu-se com esta:

> Gostaria muito, mas estou naquela fase de fazer contas. Quantos anos lúcidos ainda terei pela frente? Com muita sorte e a ajuda de Deus, uns dez. Com tudo o que faço e com os projetos que ainda pretendo realizar, trabalhando o número de horas que costumo trabalhar, já tenho o que fazer para o resto da vida. Não me dê mais tarefas, portanto.

Gostei tanto da resposta dele que, embora bem mais novo, uso os mesmos argumentos para recusar tarefas que me são constantemente solicitadas, como: 1) ajudar estudantes em seu trabalho de final de curso ("não, não quero ler nada", eles dizem, "prefiro fazer uma entrevista com você..."; 2) prefaciar livros de má qualidade; 3) fazer parte de bancas de dissertação de mestrado e teses de doutorado que eu não aprovaria sequer como trabalhos de final de semestre; 4) opinar sobre originais que sei, de antemão, serem muito ruins; 5) participar de debates com gente sectária.

Este ano, contudo, aceitei falar em duas formaturas diferentes. A primeira, dos alunos de um colégio estadual na cidade de Americana, interior de São Paulo. O professor de História dos garotos me procurou por e-mail dizendo que os estudantes tinham lido uma entrevista que eu havia concedido a uma agência dirigida pelo jornalista Luciano Martins e que foi publicada nos jornais das maiores cidades do interior do estado de São Paulo, como Campinas, Sorocaba, Bauru, Araraquara e Americana. Alguém levou o recorte à classe, os alunos todos leram, foram atrás de um livro meu, sobre cidadania, que também leram, e pediram ao professor que me convidasse para falar na formatura. Segundo o professor, eles diziam que o que eu escrevia "tinha tudo a ver". Senti-me honrado, não tinha como recusar.

Assim, na próxima sexta-feira, dia 15 de dezembro, estarei na formatura do Heitor Penteado de Americana, torcendo para que a chuva esteja leve. E para que minhas palavras faladas também consigam a proeza de dialogar com a garotada.

Se essa experiência é rara para alguém como eu que, ao sair da universidade, já se tornou professor universitário, sem nunca ter transitado pelo ensino médio, a experiência que vivenciei na última quarta-feira foi realmente inusitada. Fui convidado para falar na formatura do meu neto, Erik. Ele, com 6 anos, já alfabetizado e leitor compulsivo (além de ótimo jogador de futebol e são-paulino feliz, como o avô), estuda numa ótima escola da Zona Sul de São Paulo. Animados com os resultados obtidos com os alunos, pais e diretores decidiram criar os oito ou nove anos de ensino fundamental. Transcrevo, sem retoques, minha mensagem aos responsáveis pela escola. Como diriam os jovens, acho que tem tudo a ver:

O que desejamos de uma escola? Que socialize nossos filhos, pois socializar significa adequá-los às práticas e valores vigentes numa sociedade, sem com isso podar sua criatividade, inibir seu diferencial com relação a todos os outros alunos.

Que ressalte e estimule seus talentos, sem com isso transformá-los em competidores sanguinários, predadores dispostos a matar ou morrer em nome da vitória. O instrumental que eles devem dominar – o patrimônio cultural da humanidade – não deve ser utilizado para esmagar os mais fracos, mas para promover a harmonia social.

Que nossas crianças consigam entender que a violência, mesmo inerente ao ser humano, se manifesta quando condições favoráveis lhe são apresentadas, como a desigualdade social, a corrupção, o desprezo pelos menos favorecidos, o desamor ao trabalho e a vontade de possuir bens de consumo a qualquer preço.

A distinção é muito antiga, mas vale também para estas crianças: ter é bom, mas ser é melhor. Ter tem a ver com possuir, ser tem a ver com dialogar. Ter se consegue adquirindo, ser se alcança sendo.

Minha preocupação é que nossas crianças possam ser preparadas para viver, mas que também sejam preparadas para deixar viver. Minha alegria seria vê-los bem equipados para o mundo competitivo, mas também bem socializados para se tornarem cidadãos úteis, distantes de preconceitos sociais que tornam as pessoas mesquinhas, as crianças insuportáveis e os pais figuras indesejáveis.

Minha aposta, nossa aposta, é que esta escola possa contribuir grandemente na formação dos cidadãos do futuro.

Educação em tempos de crise

História está de novo na moda. Não me refiro às ridículas afirmativas de narradores esportivos que confundem recordes com feitos históricos ("Fulano fez História", garantem aos berros). O fato é que livros de História são cada vez mais lidos – inclusive romances históricos, verdadeiro subgênero de ficção. E, mais ainda, historiadores vêm sendo procurados pelo poder público e por empresas para ajudar em projetos estratégicos. Esses mesmos projetos para os quais já se percebeu que economistas, por falta de instrumental, não vêm dando conta...

A História está presente em quase todas as manifestações do ser humano. Mesmo padrões estéticos, como apreciar pessoas mais magras ou mais robustas, gente de olho claro ou escuro, pele branca como leite ou bronzeada pelo sol, precisam ser percebidos em relação às variações tempo/espaço. O que é belo hoje pode ser considerado feio ou mesmo doentio amanhã. Queiramos ou não, somos seres em parte explicados pela Biologia, em parte pela História. A grande diferença entre seres humanos e os demais animais é que a História Natural não dá conta de nos explicar como explica os chamados irracionais.

Veja-se o caso da educação. Educar não é natural, é histórico. Um animal é treinado, desde seus primeiros dias de vida, a caminhar, escavar, fugir ou caçar, para sobreviver. Os pais de um ser humano frequentemente não têm a competência para habilitá-lo no exercício de sobrevivência: eles mesmos não sabem plantar, colher, coletar, construir abrigos ou costurar roupas. Da mesma forma como compram produtos e serviços essenciais à sua sobrevivência, acabam "terceirizando" o processo de ensino, entregando seus filhotes em idade cada vez menor a escolas, creches ou outras instituições educacionais. Cada sociedade determina como deve ser a intervenção social que deseja fazer em seus novos membros em função dos valores, crenças e padrões de comportamento que ela possui, imagina possuir ou sonha vir a possuir.

Daí a historicidade do sistema educacional. Aquilo que uma sociedade pode julgar essencial para suas crianças e jovens será desprezado por outra em outro lugar ou em outra época. Na nossa cultura, não consideramos fundamental treinar guerreiros ou caçadores, por exemplo; na sociedade democrática, não achamos adequado educar nossas crianças para o preconceito, como já se fez muito, e há pouco tempo, na Alemanha nazista ou no Sul dos Estados Unidos, por exemplo.

Costumamos dizer que a ética deve prevalecer na relação entre os indivíduos. Seria, então, de supor que, por meio da educação formal, buscássemos ensiná-la, fazendo com que as novas gerações não fossem corruptas, mesmo que a nossa, em parte, seja. Dessa forma, formaríamos uma nova sociedade, conduzida por novos homens e novas mulheres, fruto de um processo educacional que funcionaria como um farol para as novas gerações.

Dirão alguns que a educação formal já não é mais tão importante quanto foi no tempo em que informações circulavam principalmente pela palavra escrita no papel. Hoje, as pessoas se informam pela televisão e pela internet e torna-se quase impossível para pais e educadores "controlarem" qualidade e quantidade de dados ab-

EDUCAÇÃO

sorvidos pelos mais jovens. Dirão, ainda, que a sociedade tornou-se extremamente competitiva; ela "exige" acesso contínuo e intenso aos bens materiais que têm valor objetivo ou simbólico; como lidar com essa realidade que foge do controle dos educadores? A percepção dos mais novos, ao nos olhar, é de que praticamos consumismo, e não ética... O jovem não é bobo. Muitos argumentos da geração dos educadores poderiam se esvaziar diante de uma prática que ele percebe aética ou mesmo antiética.

Nisso tudo, o que pode fazer o professor, que é o principal encarregado de passar valores de uma geração para outra? Não mentir é um bom começo, não ser moralista, nem agir como oráculo. Cabe-lhe ajudar o aluno a compreender, com clareza, o funcionamento da sociedade em que vivemos, com suas contradições e incoerências. Em seguida, revelar ao jovem a historicidade dos valores, a transitoriedade de padrões de comportamento. E, finalmente, ensinar menos Hitler e Stalin e mais Einstein e Sabin, menos História econômica e mais História cultural. O aluno necessita ter orgulho de sua condição humana. E um bom mestre poderá ajudá-lo a encontrar bons motivos para tanto.

155

O novo papel do professor

Afinal, professores ganham mal ou são bem remunerados? A julgar por algumas notícias que pululam ao mesmo tempo em diferentes órgãos de imprensa, a questão salarial do professor não é um problema relevante, a não ser no período eleitoral. Para alguns arautos da modernidade educacional, a própria questão das verbas da educação seria um falso problema. Bons administradores e economistas poderiam resolvê-lo do dia para a noite. Segundo eles, a educação seria assunto sério demais para ser entregue a educadores.

Com todo o respeito aos tecnocratas, não me parece que o problema possa ser resolvido com simples fórmulas aprendidas nas aulas das faculdades de Economia e Administração (afinal, economistas têm dirigido a educação brasileira por anos e, a julgar pelos resultados, não parece que tenham feito trabalho tão brilhante). Contudo, não pode continuar a ser pensada pelos educadores de modo dogmático, a partir de modelos superados pelo atual estágio do conhecimento científico e dos avanços da tecnologia. Ineficiência administrativa e métodos ultrapassados de gestão (fáceis de observar no dia a dia das escolas e dos órgãos governamentais) são obstáculos para a transformação da educação que temos para aquela que queremos, mas há outros problemas além desses.

É fundamental que tanto autoridades educacionais quanto os professores na sala de aula introjetem o fato de que, para o bem e para o mal, sobrou pouco espaço para a escola que se limitava a informar, para o mestre que possuía o monopólio do conteúdo. Antes da era da informação da sociedade, autoridades, pais e professores decidiam em conjunto (e à revelia dos alunos) o que, quando e como se deveria ensinar. A seriação de informações colocadas à disposição do educando definia quando ele iria conhecer cada coisa, como, por exemplo, o corpo humano e questões ligadas à sexualidade.

Hoje, com a televisão e a internet, a criança e o jovem pesquisam os assuntos que lhes interessam, quando lhes interessam e da forma que lhes interessam, à revelia dos pais, das autoridades educacionais, da sociedade e dos professores. Em outras palavras, é o jovem que determina, a partir de estímulos sociais e biológicos, o volume e o ritmo de informações que deseja receber.

A nova realidade exige um professor diferente do que existia há 50 anos. Agora, ele não tem mais o monopólio de informação e, quando tenta (e isso ainda é frequente) atuar como fonte, fracassa miseravelmente, perdendo a atenção da classe. O fato inegável é que não pode mais concorrer com veículos de informação mais modernos, coloridos e sofisticados colocados à disposição dos jovens.

Isso significa que o professor não tem mais papel na sociedade moderna, que todo o sistema educacional está fadado ao fracasso? A meu ver, não. Cabe ao professor transformar-se, assumir que não lhe cabe mais simplesmente informar, mas explicar, estabelecer conexão entre o universo cultural dominado pelo aluno e o patrimônio cultural da humanidade. Cabe ao professor ser culto para ter condições de mostrar aos estudantes a rica herança que todos os seres humanos carregamos. Estudantes estes que adquiriram, fora da escola, informações desconexas, insuficientes para situá-los como seres históricos responsáveis, agentes e não simplesmente pacientes.

Agora, chegamos ao segundo ponto. Para ter uma base cultural que lhe permita realizar suas novas funções a contento, esse professor precisa estudar, ler muito, ver bons filmes. Não pode transformar a docência numa atividade burocrática, feita sem objetivos e sem entusiasmo. Não dá para sair de uma sala e entrar noutra, falar para corpos sem rosto, ver hostilidade e indiferença e reagir com indiferença ou hostilidade. As crianças e os jovens precisam da escola, mas não da escola aborrecida, sem atrativos. O professor precisa se requalificar para poder educar.

A questão não é só salarial. De acordo, mas também é salarial. Poucos conseguem realizar leituras proveitosas após uma jornada tensa de 50, 60 horas por semana. O mais razoável seria pagar o suficiente para que professores não precisem acumular aulas em excesso. Mas não é só. Todo professor precisa, por exemplo, ter sua biblioteca particular, por menor e mais selecionada que seja.

Que tal o MEC, junto com as secretarias estaduais e municipais, patrocinarem a formação de uma biblioteca de formação/atualização dos professores da escola pública fundamental e média no Brasil inteiro? Não para a escola, mas para cada professor. É um absurdo professores não terem uma pequena biblioteca em casa. Sem o professor motivado, bem remunerado e altamente qualificado, nunca teremos uma educação pública de qualidade.

Como melhorar o ensino no Brasil

Eleição rima com educação. A cada quatro anos todos os candidatos a cargos eletivos se arvoram a defensores do sistema educacional, de edifícios bem construídos, de horário integral para todos, de qualificação dos professores, de livros de qualidade etc. e tal. O otimista diria que já é um avanço. Os fatos vêm provando que não. Está fora de dúvida que universalização e qualidade não têm caminhado juntas no Brasil. Quando a escola pública era quase só da classe média, qualificava alunos para as melhores universidades brasileiras. Pelo então Colégio do Estado de Sorocaba, interior de São Paulo, onde estudei, passaram garotos e meninas que são, atualmente, intelectuais, juízes, promotores, educadores, empresários, executivos, médicos, engenheiros, todos muito bem colocados e reconhecidos pela educação recebida. Alguns de nossos professores, como João Tortello, de Português, e Ruy Nunes, de Filosofia, eram mestres excepcionais, dedicados à pesquisa e à atividade docente. Nas condições de trabalho, salário e reconhecimento social de hoje são poucos os professores que dão conta da difícil tarefa de qualificar adequadamente os jovens. E mitos repetidos por políticos não ajudam a encaminhar a questão. Vejamos alguns deles.

Mito: os livros didáticos estão melhores. Com livros melhores, a educação fica cada vez melhor. Verdade: quando o programa da universalização do livro didático começou, bons educadores preveniram ministros da Educação sobre um perigo: bons mestres conseguem dar boas aulas até com um livro ruim, mas professores inadequadamente formados não conseguem dar boas aulas sequer com um bom livro. O resultado é que muitos prefeitos não utilizam nenhum livro didático recebido gratuitamente. Eles compram para as escolas de suas cidades (gastando fortunas do erário público) sistemas de ensino, material com aulas prontas, módulos iguais para todos (como se não houvesse especificidade entre crianças de diferentes regiões do país), respostas únicas, exercícios determinados, tudo ao contrário da orientação (correta) que o MEC tem na avaliação dos seus livros. Isso quer dizer que muitos municípios não consideram seus professores habilitados a usar um livro didático de qualidade. O que é assustador.

Mito: os alunos são mais informados, usam a internet, assistem à TV, recebem muito mais estímulos. Verdade: o hábito de "pesquisar" na internet não teria nada de errado se o aluno tivesse condições de discernir fontes confiáveis de fontes não confiáveis. Frequentemente, pega um rabo de notícia de TV e apresenta ao professor como verdade sacramentada e sua investigação pela internet restringe-se a achar seu tema, selecionar uma passagem, teclar Ctrl+C para copiar e colar no seu "trabalho" com as teclas Ctrl+V. Comumente, nem se dá ao trabalho de ler o que copiou. Muito menos acha necessário fazer uma crítica das fontes utilizadas ("peguei na internet", é o que diz). Nem por sonho se poderia esperar que diferentes "fontes" utilizadas no trabalho tivessem um mínimo de coesão, quanto mais de coerência... O aluno talvez tenha mais informação do que há 30 anos, mas não sabe como transformar isso em conhecimento. Só um professor bem preparado consegue ensinar ao aluno como dar esse passo.

EDUCAÇÃO

Mito: o país é muito grande e desigual. Não há como dar um grande salto qualitativo. Verdade: nenhum país conseguiu dar um grande passo sem investir pesadamente e criativamente na educação. Todas as importantes revoluções educacionais ocorridas no planeta demandaram imaginação criadora, competência administrativa e, principalmente, vontade política. Nações de diferentes dimensões, modelos econômicos, regimes políticos e tradição cultural como Japão, Alemanha, Rússia, Coreia, Cuba, são exemplos que merecem ser estudados por aqueles que desejam estabelecer nosso sistema educacional como um espaço de oportunidades, não como reprodutor de desigualdades. Há que se fazer um mutirão educacional que estimule os professores a se qualificarem. Todas as universidades públicas (e mesmo particulares que recebem verbas governamentais de qualquer espécie) que possuem cursos de licenciatura precisam ser incorporadas no processo. Professores e alunos de pós-graduação podem ser estimulados a dar uma parte do seu tempo em aulas para os professores do ensino fundamental e médio do Brasil todo, a partir de uma orientação segura (e apolítica, é claro) que sairia dos órgãos competentes e de uma discussão ampla (mas rápida) feita com os educadores interessados.

Isso é possível? Possível e necessário. É responsabilidade dos dirigentes e políticos impedir que o Brasil interrompa seu desenvolvimento por falta de gente qualificada, o que pode ocorrer se não levarmos a educação a sério.

BRASIL

A corrupção se mantém sempre
em pauta por apresentar novas
modalidades, requintes operacionais,
esquemas mirabolantes, estruturas
sofisticadas. O mundo se curva,
finalmente, diante do Brasil.

Brasil, o país do presente?

Um colega historiador costuma dizer que o diálogo entre economistas e historiadores é sempre muito tranquilo, sem conflitos, uma vez que trabalham com objetos diferentes. Enquanto nós, dizia ele, nos contentamos em profetizar sobre o passado – e, às vezes, até acertamos –, os economistas especulam sobre o futuro – e, invariavelmente, erram.

Quem imaginaria, há poucos anos, que o dólar despencaria dessa forma em relação ao real e que nossos bancos de varejo seriam mais seguros e lucrativos do que o Citi ou o UBS? Lembro-me da informação que corria solta há alguns anos: a dívida externa do Brasil era "impagável"; ao que se sabe, ela virou pó. Isso tudo para não falar do pânico gerado em 2002, especialmente na área financeira, pela então provável eleição de Lula; hoje, ninguém ousa levantar uma palavra contra ele, principalmente num círculo de banqueiros.

Assim, diz o bom senso que exercícios de futurologia só têm sentido se feitos para o longo prazo: pelo menos não estaremos vivos para colher os louros do provável fracasso. Como amante de riscos, contudo, ousarei um pouco mais do que o bom senso recomenda.

Começo discordando daqueles que querem pintar nossa esperança de cores ingênuas e ufanistas, baseando-se na retomada da nossa suposta vocação para exportar produtos como pau-brasil, açúcar, café, suco de laranja, minério e, dentro de alguns anos, dizem, petróleo. Isso bastaria, afirmam, para darmos o grande salto e transformar esta terra na primeira potência tropical. Penso em grandes produtores de petróleo como a Nigéria, a Arábia Saudita, o Irã, a Venezuela. Mesmo com lentes de aumento, não consigo visualizar nenhuma potência de Primeiro Mundo entre eles; por outro lado, sabemos do alto índice de desenvolvimento do Japão, ilha inóspita incrustada no Pacífico, e do crescimento vertiginoso em países ainda há pouco insuspeitados, como a Coreia, politicamente dividida e sem grandes presentes da natureza.

Lembro-me, então, recorrendo à História, de que, no início do século XVI, Portugal parecia ser uma potência inalcançável: estrategicamente localizada, possuía uma frota moderna, dinheiro para contratar excelentes homens do mar italianos, uma burguesia comercial em ponto de bala e até um sistema financeiro bastante desenvolvido para a época, além de terras na África, Índia e América. O uso da Inquisição, a serviço do rei e da nobreza, para esmagar os mercadores (como ensina Antonio José Saraiva no livro *Inquisição e cristãos-novos*), a corrupção na venda dos direitos de comando das embarcações e a burocratização e centralização administrativas – que tolhiam a iniciativa dos empreendedores mais corajosos – conseguiram impedir o desenvolvimento das forças produtivas e condenar o país a uma pasmaceira que o acompanhou por séculos. Ou seja, condições favoráveis são apenas condições, não determinações.

No nosso caso, existe, de fato, um conjunto de fatores econômicos favoráveis a que seja produzida no Brasil uma mudança histórica, e todos nós torcemos para que isso aconteça. Mas parece claro que eles não são suficientes para já nos sentirmos como membros de um eventual G-9. Para isso, ainda falta muito.

É verdade que tentamos encontrar as razões que impedem nosso país de deslanchar e o mantêm pobre e desigual, distante do ideal que para ele traçamos. E ficamos sem entender como é que um povo que consideramos tão esperto e cordial, vivendo numa terra que achamos tão generosa, não chegou ainda ao tão ansiado primeiro mundo.

Muitos de nós nos sentimos verdadeiros cidadãos do primeiro mundo quando viajamos para Miami ou Nova York, mesmo que seja só para usar a máscara do Mickey ou ver um desses musicais que só caipiras americanos ainda assistem. Demonstrar nossa suposta cidadania universal torna-se muito importante: afinal, estamos tentando deixar para trás a antiga máscara terceiro-mundista que parece colada em nossa face. Queremos mostrar que optamos pelo progresso e pela globalização, embora o fantasma dos miseráveis espalhados pelo país ainda nos perturbe.

Assim, por meio de uma ginástica mental bastante complexa, situamo-nos no primeiro mundo como pessoa física, embora a entidade nacional e o solo em que pisamos ainda estejam patinando no terceiro. Isso nos exime da responsabilidade sobre os desmandos dos governantes, da inoperância da polícia, dos sistemas previdenciários (temos planos privados de aposentadoria), de saúde (temos planos privados também aqui), da educação (pagamos boas escolas privadas para nossos filhos), assim como sobre a má qualidade dos transportes coletivos (temos carro, por vezes, até motorista particular).

Somos esquizofrênicos sociais, divididos entre nossa autoimagem generosa e primeiro-mundista e nossa prática egoísta e autoritária. Enquanto nosso espelho nos mostra bons e cordiais, nosso comportamento nos revela preconceituosos e agressivos.

Não assumimos a responsabilidade de nossas ações e atribuímos aos outros a culpa pelo nosso fracasso. Se não tivéssemos sido objeto do saque colonial... Se fossem os holandeses e não os portugueses... Se o clima fosse mais frio, nossas avós fariam conservas, o que aumentaria o valor agregado de nossos produtos agrícolas, já que exportaríamos doce de graviola e goiaba, não a fruta a granel... Se, se, se.

A verdade é que não assumimos ainda as responsabilidades decorrentes a quem pertence a uma sociedade complexa, baseada em contratos sociais que só funcionam se forem cumpridos por todos, o que inclui, é claro, responsabilidade social, produto escasso por estas bandas.

O fato de o Estado ter precedido a Nação no Brasil talvez seja o motivo principal da existência de um divórcio tão profundo entre governo e sociedade. Mas esse pode ser apenas um álibi.

Volto, pois, à História. Fomos o último país ocidental a eliminar a instituição da escravidão. Muita tinta foi gasta para entender o motivo disto ter ocorrido (interesses do latifúndio, pressão dos comerciantes de escravos etc.), mas agora se sabe que a escravidão não acabou antes porque grande parte da população brasileira – e não só os grandes proprietários rurais – não queria. E ela não queria que isso acontecesse porque a escravidão era confortável, as pessoas estavam acostumadas com o escravo de ganho, o auxiliar doméstico, a escrava sexual.

Esse processo pode voltar a acontecer? Não seria muito confortável para muita gente continuar a viver num país de terceiro mundo, desde que seja no topo da escala social? Nesse caso, o petróleo abundante nos deixaria mais perto de nos tornarmos uma Suécia ou uma Arábia Saudita? Meu ponto é que conjuntura favorável sem vontade política não muda a história.

Queremos, de fato, educação, saúde, justiça e segurança para todos? Afinal, apesar de alguns transtornos, nós nos defendemos com escolas particulares, com planos de saúde privados, com bons advogados e com grades, muros, segurança privada e carros blindados. A violência, a falta de justiça, de saúde e de educação formal atinge, profundamente, o povo, e muito menos a nós. Se quiséssemos encontrar soluções, já o teríamos feito. Ou não?

Será que a escolarização pública a que são submetidos nossos jovens é igual àquela que atingia a classe média há poucas décadas? Minha geração no Estadão, o Colégio do Estado, em Sorocaba (como o Pedro II, no Rio, o Roosevelt, em São Paulo), educou prefeitos, juízes, promotores, muitos professores universitários, jornalistas, poetas. Ainda estudantes, no interior de São Paulo, fundamos e escrevemos em dois jornais, *União & Cultura* e *Luta Estudantil*. Com raras exceções, os jovens que terminam o ensino médio de hoje, na escola pública, mal conseguem preencher uma ficha de visitantes na entrada do prédio em que trabalham como porteiros.

Que ensino é esse? Ou o ensino é exatamente para formar esse tipo de força de trabalho? A minha pergunta é: nós queremos, de fato, mudar? Se quiséssemos mudar a educação, não faríamos a distribuição de livros, supostamente bons, para serem utilizados por mestres, seguramente mal preparados? Mas, como me respondeu um ministro da Educação, para quem coloquei a questão: "Distribuir livros para todas as crianças dá mais resultado eleitoral, capilaridade, do que requalificar professores". Assim se mantém a tradicional e incurável tradição clientelista, que não se desmonta, suba quem subir ao governo.

O Brasil tem futuro? Tem, sim, e é o futuro que decidirmos dar a ele. Sem determinismos geográficos ou econômicos. Sonhar grande é bom, mas insuficiente. Há que construir esse sonho, pedra a pedra. Mais difícil do que extrair petróleo e gás do fundo do mar será construir uma nação mais justa, sem o populismo que tem servido para escamotear as desigualdades por meio de esmolas concedidas pelo poder. Cabe a nós decidir se queremos nos lançar nessa empreitada.

Um deserto de cana

Aparentemente, nada de novo: quarta-feira quente e abafada em São Paulo, formação de nuvens e chuva forte no final da tarde. Ruas inundadas, automóveis submersos, trânsito parado. Lá pelas oito da noite, a repercussão do temporal ainda se fazia notar por toda a cidade: lentidão insuportável, motoristas socando a buzina (imaginavam, com o ruído, poder transformar em pó as filas de veículos à sua frente?), todo mundo atrasado.

As chuvas sempre existiram. A situação, agora, poderia estar até um pouco melhor: o rio Tietê não transborda mais e as bocas de lobo estão limpas. O problema é que nunca houve tantos veículos na cidade, nem no estado, nem no Brasil. Enquanto cada pedaço de metrô demora muitos anos e várias vidas para ficar pronto, a cada dia as montadoras despejam milhares de veículos em cidades como São Paulo, que já não têm mais ruas disponíveis para todos. Simplesmente, os carros não cabem mais nas metrópoles e até em muitas cidades médias brasileiras.

O crítico literário Anatol Rosenfeld costumava dizer que há uma lógica de análise e uma lógica de síntese. A primeira é a do físico que constrói a bomba atômica ou do químico que aperfeiçoa os gases utilizados para os genocídios nazistas. Conceberam seus produtos com inteligência. O governante, contudo, precisa pensar com a lógica da síntese, que exige a determinação da finalidade de cada invento e as consequências sociais envolvidas. Há alguns anos, nossa principal metrópole raramente registrava 100 km de congestionamento em qualquer dia do ano. Hoje, esse número só não é atingido em semanas de janeiro, quando muita gente viaja. Onde é que vão colocar os novos carros?

Mas algo mais grave está ocorrendo. A febre do etanol, vulgarmente chamado de álcool, contagiou todo o estado de São Paulo. Numa viagem de quase 500 km que realizei, no sentido oeste, por uma estrada em que transitei muito no passado recente, não consegui identificar os lugares que antes reconhecia como o posto depois das mangueiras, ou o lugar que vende suco, entre o cafezal e o pomar de laranjas. Foi tudo arrasado, com cana plantada até à beira do asfalto. O estado está se transformando num deserto: verde, quando brota a cana, mas parecendo um grande areal quando ela é colhida e algo próximo de infernal quando das queimadas.

As queimadas, por sinal, são um capítulo à parte. Cidades antes recomendadas pelo ar puro têm sido campeãs de poluição, envenenado os pulmões, não apenas dos trabalhadores rurais, como de toda a população. Não se trata apenas da sujeira que elas produzem, caindo sobre roupas no varal, piscinas e quintais. Pessoas alérgicas, ou com qualquer problema respiratório, têm a vida transformada num inferno. Mães têm sido aconselhadas a tirar os filhos de muitas cidades (como se isso fosse uma operação fácil) durante as semanas e meses em que se queima a cana, aparentemente sem nenhum critério ou controle.

De resto, muitos responsáveis pelas fazendas aproveitam as queimadas para "acidentalmente" tocar fogo nas reservas florestais, destruindo matas primárias ou secundárias, matando a fauna e empesteando o ar. As consequências das ações não lhes interessam. Seu negócio é a quantidade de cana plantada, o tanto de álcool obtido (lógica de análise), o importante é avançar sempre, queimar as árvores de modo explícito ou dissimulado, mas sempre mesquinho, e plantar mais alguns metros para aproveitar o *boom* do etanol, para ficarem um pouco mais ricos.

Mesmo numa cidade bem administrada e rica como Indaiatuba, a apenas 100 km da capital, pude constatar isso pessoalmente: belas árvores, reserva florestal de uma grande fazenda da cidade, abrigo de muitas espécies animais, estão sendo lenta e sistematicamente sacrificadas à sanha do lucro sem freios nem pudor.

E por aí vamos. Enquanto o biocombustível estiver na crista da onda, as ondas verdes da planta, as nuvens negras dos incêndios e a destruição de nossas poucas matas continuarão. Depois disso, e ainda na nossa geração, teremos que conviver com o deserto. De resto, que importa que os carros não tenham mais para onde andar, se são lindos e modelos flex?

Rasputins do cerrado

Este é mesmo um país informal. Não só porque as pessoas se tratam por "você", tão logo sejam apresentadas (a não ser que um seja "doutor" – por mérito intelectual ou de dinheiro – quando se determina uma situação de subalternidade). Nem porque, na maioria das empresas, o caixa dos sócios é confundido com o da firma. Nossa informalidade se revela pela certeza que temos de que as regras formais só existem para serem contornadas, seja por um sorriso sedutor, seja pelo mesmo sorriso acompanhado de uma pasta de dinheiro.

A tranquilidade com que a maioria dos congressistas aceitou a afirmação de que o caixa dois é que alimenta as campanhas políticas "dos partidos que querem ganhar a eleição, não apenas concorrer", deixa evidente a conivência de nossos representantes com financiamentos informais.

Vamos aos fatos: 1- a afirmação foi feita por um deputado que não pode ser acusado de paladino da moralidade; 2- financiamentos informais são feitos ao arrepio da legislação eleitoral; 3- caixa dois tem origem suspeita, vem de sonegação de impostos ou de contravenções, quando não de organizações criminosas; 4- se ninguém dá nada de graça, nem quando a doação é feita dentro da lei e as empresas podem ser identificadas, doadores misteriosos evidenciam negócios escusos.

Contudo, e de modo assustador, com raras exceções não observamos, entre as vestais engravatadas, reações de espanto diante da afirmação explícita de que o partido do governo tinha dado "apenas" 4 milhões de reais para o PTB para ajudar na campanha e ficou devendo outros 16 milhões de reais, todos de origem desconhecida e de utilização não auditada. Para nosso alívio, o deputado depoente disse que algum dia sentaria com o presidente do PT para "acertar as contas", seja lá o que isso quer dizer...

O mais espantoso, porém, tem sido a atitude de alguns comentaristas. Vi, na TV, um cientista social "explicando" que, de fato, é muito difícil fazer uma campanha apenas com dinheiro "por dentro", que as coisas são normais e que não se deveria fazer um cavalo de batalha etc. A entrevistadora tentava mostrar a imoralidade da situação e o tal "cientista" contrapunha o pragmatismo à ética, como se a razão pura e a razão prática não pudessem conviver harmoniosamente.

Se não podem, apago tudo o que escrevi até hoje e passo a entender que são gente boa: 1- empresários que não pagam impostos, não recolhem ao INSS a parcela do empregado descontada na folha de pagamento, fazem pacotes de um quilo com novecentos gramas, misturam solvente ao combustível e acrescentam farinha às pílulas anticoncepcionais; 2- funcionários de prefeituras que não aprovam plantas sem receber caixinha, permitem a livre circulação de carros vendendo pamonha em altos brados, não notam que o barzinho da esquina está em zona residencial, negociam por fora com fornecedores de refeições para escolas e empresas de limpeza pública, autorizam o funcionamento de estabelecimentos comerciais inseguros; 3- policiais que recebem de particulares para "caprichar" na fiscalização de suas casas e lojas, relaxam prisões em troca de grana, fazem justiça com suas

próprias mãos (e armas); 4- juízes que demoram anos para dar senten-
ças (e justiça que tarda, falha), beneficiam amigos, praticam justiça de
classe. Etc. etc. etc.

Um Estado nacional não pode ser informal, senão não é um Estado, mas um conjunto de pessoas desagregadas. Nem é necessário
entrar em grandes especulações, ou usar Max Weber como apoio bi-
bliográfico, para entender que, para que um Estado nacional moderno exista de fato, suas leis devem ser obedecidas por todos, não só por
aqueles que não dispõem de poder, dinheiro, ou boas amizades. Mais
que isso, é fundamental separar o público do privado, mesmo que o
privado seja um partido político dotado das melhores intenções. E,
mais ainda, nenhum Estado que se dê ao respeito pode conviver com
poderes paralelos aos instituídos, verdadeiros Rasputins do cerrado.

Fortalecer as instituições não é apenas legislar bem, mas cumprir
e exigir o cumprimento das leis vigentes. O exemplo continua sendo
uma das melhores formas de educar. O sentimento que perpassa nosso povo, nesses dias, não é mais de perplexidade (e isso é grave, já não
nos espantamos!), mas de que vale tudo mesmo, ninguém é honesto,
todos os políticos são safados, as pessoas buscam o poder para "se arrumar" e por aí afora. Num país que ainda luta para se construir como
Nação, isto é o pior que poderia acontecer.

Sobre poder e corrupção

A corrupção é assunto inesgotável. Não como o futebol, que se sustenta por gols e jogadas bonitas, no período da safra, mas também por relatórios de treinos, entrevistas sempre iguais, mesas-redondas redundantes e comentários *à la* Conselheiro Acácio, enfim, variações sobre o mesmo, na entressafra. Não, corrupção se mantém sempre em pauta por apresentar novas modalidades, requintes operacionais, esquemas mirabolantes, estruturas sofisticadas. O mundo se curva, finalmente, diante do Brasil. A pergunta está no ar: somos, os brasileiros, todos corruptos mesmo? Motivos para pensar assim não faltam. Basta abrir os jornais, ligar a televisão, ou mesmo olhar pela janela e o monstro da corrupção está lá. Disfarçado ou às escâncaras, ele está lá. Explicado, justificado, perdoado, transformado até em bandeira de luta, mas ele está lá.

Ele está no engenheiro da Prefeitura que "sugere" um primo para fazer a planta da reforma (sem o que o alvará talvez não saia); no síndico que contrata a empresa de pintura do prédio em troca de "modestos" 10% e de "uma mãozinha de tinta na casa de Campos do Jordão"; no vendedor autônomo que pede uma nota "a mais" na lanchonete da estrada, para apresentar como despesa. Está no policial rodoviário que abre mão da multa em troca de uma "caixinha de final do ano", no diretor de novela que escala a garota sem talento em troca de sexo, no reitor da universidade que pavimenta sua candidatura a deputado nomeando dezenas de "auxiliares técnicos administrativos" para a campanha, com dinheiro que deveria ser aplicado em ensino e pesquisa.

Mas é no mundo da política e no seu entorno que o monstro da corrupção faz mais vítimas. Poderoso e sedutor, promete uma vida plena de bens materiais, portanto feliz, tanto aos apologistas quanto a aparentes críticos da sociedade de consumo. Quem senta no banco de trás de um carro confortável, conduzido por um motorista prestativo e reverente, nunca mais consegue se imaginar dirigindo seu "popular". Princípios e ideais são descartados, sem remorsos. E se alguém ainda tenta recordar à "vítima" do monstro "aqueles tempos, aquelas lutas", nossos Brancaleones arrependidos olham o "ingênuo" com um desprezo que vai da condescendência à agressividade, dependendo da insistência com que é lembrado dessa coisa antiga e ultrapassada chamada ética.

No entanto, é em nome da ética que ele constrói seus discursos, sua carreira, sua pregação. Ética pessoal, partidária, religiosa, familiar, aquela que for mais adequada ao momento. E dá-lhe promiscuidade, relações incestuosas entre o dinheiro público e o privado. Incestuosa e desigual, pois o dinheiro apenas é drenado das empresas públicas e dos poderes instituídos diretamente para contas pessoais, firmas reais ou fictícias, no Brasil ou no exterior. E, depois, ainda muitos têm coragem de fazer pose de vestal deflorada por Marte em pleno templo...

A corrupção na esfera da política tem explicações, sim: 1- a vontade de conseguir, ou de não perder, bens materiais ou simbólicos (ser chamado de doutor, ter séquitos de puxa-sacos, ser convidado para eventos de prestígio); 2- viabilizar projetos de poder (não de governo, que é algo muito diferente); 3- a desproporção entre as vantagens que se obtém e improváveis punições que poderão ocorrer como acidente de percurso.

Assim, haja safadeza.

Por conta desses safados, outros tão safados quanto estão deitando e rolando, em outras esferas, já que provaram (?) "que o Estado deve ser mínimo; todo o poder deve ser dado ao privado contra o público; não pagar imposto é uma forma de resistência; não adianta dar dinheiro a esses filhos da...; coitadinhos dos empresários de bebidas alcoólicas, que só pelo fato de sonegarem alguns bilhões foram presos" etc.

Tenham a santa paciência! Chega de cinismo, de hipocrisia.

Nunca seremos um verdadeiro Estado-nação enquanto não superarmos nossas instituições pré-capitalistas e não contarmos com um Estado burocraticamente estruturado. Isso implica a existência de um funcionalismo concursado, bem remunerado e altamente capacitado; em troca, precisaria ser avaliado com frequência e rigor, ter a conta bancária disponível para fiscalização, além da obrigação de prestar contas anualmente do crescimento patrimonial.

Isto é, se alguém ainda tiver algum interesse em instituições sadias, em virmos a nos tornar uma Nação de verdade, e em não nos transformarmos em um desses países corruptos, inexpressivos e desprezíveis que vicejam por aí.

Sobre público e privado

Parece que, finalmente, todos estão falando sobre a necessidade da separação entre o público e o privado. Não deixa de ser um avanço. Por enquanto, contudo, ela se situa apenas no plano da declaração de intenções, não na de práticas sociais. Mesmo porque a percepção que temos é que sempre "o outro" é que invade o espaço público, tão zelosamente respeitado por cada um de nós. Ou seja, eu e nós devemos nos insurgir contra ele e eles. O inferno, também aqui, seriam os outros.

Um bom exemplo: todos os que não são deputados são contra o mensalão. Para nossos congressistas, porém, o mensalão, embora tenha dado grana a muita gente, não existiu. Se não existiu, ninguém pode ser punido por ele. O erro dos legisladores teria sido, pois, a formação de caixa dois. Mas caixa dois pode? Não, poder não pode, mas dentro de certos limites, fica podendo, já que todo mundo faz. De onde se deduz que, se você não denuncia os próprios colegas e não é arrogante demais no exercício do poder, pode tudo. Mesmo porque, criado o precedente, cria-se a jurisprudência que está evitando a cassação de deputados desta e das próximas legislaturas desde que eles não sejam arrogantes e não queiram dedurar os companheiros. Tem que ser "da turma", não pode ser "outro", senão, na hora H, se dá mal. Estamos entendidos?

Meu antigo professor de filosofia no colégio, Ruy Nunes, me reprovaria pelo exercício de lógica anteriormente apresentado, mas o que pode a reflexão contra a verdade dos fatos? Outro exemplo: aproveitei a estada em Fortaleza, onde fiz uma palestra, para ir à praia. Instalei-me numa daquelas enormes e confortáveis barracas, num canto pouco visitado pela música desnecessariamente alta e fiquei papeando com o gerente. Dia de semana, fora de temporada, ele tinha todo o tempo do mundo para me dar informações. E foram bem interessantes. Como, durante a rodada de perguntas após a palestra, um participante tivesse me atalhado dizendo que a sonegação fiscal naquela cidade era inexpressiva, resolvi perguntar sobre o que acontecia lá sob esse aspecto. O gerente me contou que o faturamento bruto da barraca no ano anterior tinha chegado à bagatela de oito ou nove milhões de reais. Matreiramente me disse que era um ótimo negócio, já que não pagava impostos, no máximo um ou outro agrado aos fiscais. Claro que perguntei se ele, gerente, e o dono da barraca não achavam que ocupar espaço público e não pagar impostos não era uma atitude antissocial. "Claro que não, o que é que adianta pagar impostos se esse pessoal de Brasília pega mesmo todo o dinheiro da gente?" A que dinheiro seu ele se referia eu não sei, já que ele não recolhia impostos mesmo...

Usufruir do público para fins privados é grilar terrenos da União e registrá-los como seus, é enfiar dólares (e outras moedas mais cotadas) na cueca e em cofres, é encher armários com roupa de grife adquiridas "a custo zero", mas é também colocar guaritas no meio das calçadas ou deixar as coroas-de-cristo crescerem a ponto de ocuparem-na toda. É assar churrasquinho (de felinos, caninos ou até bovinos) obrigando as pessoas a se desviar e moradores das proximidades a conviver com o cheiro dos animais sacrificados. É ainda fazer ligações clandestinas de água ou energia, é despejar esgoto e demais detritos nos rios, é fazer fila dupla com automóveis, é impedir pedestres de passarem na faixa que deveria ser respeitada. É gritar "pamonha de Piracicaba" (fiquei com ódio gratuito dessa cidade) a todo volume, invadindo o espaço sonoro de toda a coletividade.

Como se vê, misturar público com privado em benefício próprio é prática cotidiana em nosso país, não se restringindo aos políticos. Isso não os isenta de culpa, nem ameniza a relevância de suas falhas e crimes, apenas nos deve fazer perceber que este é mais um problema do país que se mantém, pois nós mesmos não queremos que mude pra valer.

O Brasil em 2030

Imaginar o Brasil de 2030 pode ser um simples exercício de futurologia, mas também uma tentativa de perceber tendências, caminhos e, mais que isso, uma forma de apontar possibilidades e perigos. Como, de resto, a grande maioria dos meus supostos leitores estarão vivos em 2030 não se trata de algo inócuo. Como a História não é positivista, a narrativa dos historiadores teria a ver com a forma como nós encaminharíamos este país do ano em que vivemos até lá. E, a meu ver, dois panoramas muito distintos se nos apresentam.

Panorama 1: talvez, para surpresa de muitos contemporâneos, o historiador perceba os presidentes do período pós-ditadura militar como parte de um conjunto coerente e quase necessário. Sarney teria sido aquele que, bem ou mal, mostrou a possibilidade de uma presidência civil, acompanhada de instituições políticas e jurídicas em pleno funcionamento. Collor, o homem da modernização, da tentativa de colocar o Brasil no mundo globalizado, embora restringido em seus movimentos por um provincianismo e uma confusão entre o público e o privado que lhe custaram o mandato. Fernando Henrique, antes como ministro, e depois como presidente, teria sido o homem que viabilizou a globalização, menos por seu empenho diplomático e mais por dotar o país de uma moeda estável e por seu movimento a favor de privatizações, tanto na área de infraestrutura como na de comunicações, principalmente. Lula, sensível para com os miseráveis e os muito pobres, teria conseguido incorporar no mercado de consumo milhões de brasileiros, aumentando a demanda em áreas previsíveis (como a de alimentos, vestuário, habitação e energia), assim como em outras não tão previsíveis (veículos, celulares, computadores).

Dentro dessa lógica, qual deveria ser o perfil de um próximo presidente e qual deveria ser sua mensagem? Pela sequência apresentada, não teria cabimento um líder antiglobalização do tipo de alguns neocaudilhos que estão pululando nas vizinhanças do Brasil, por mais que eles possam ser úteis a projetos nacionais diferentes do nosso. Não teria cabimento, tampouco, uma liderança que abandonasse novamente aqueles que, por séculos, ficaram à margem do desenvolvimento nacional.

Por outro lado, não é possível eternizar um programa de ajuda direta, o famoso "fornecimento de peixes", embora esta seja a solução mais fácil. Deve-se ensinar a pescar, e isto implica qualificar melhor as pessoas, integrá-las inteiramente na sociedade, não apenas como consumidores. Faria sentido, portanto, alguém com um perfil moderno, mas sensível, preocupado com a população como um todo, mas sem a intenção de destruir elites produtivas (e elas existem, o que não é nenhum defeito, mas virtude do país). E disposto, ainda, a modernizar o Estado naquilo que implica o cumprimento dos papéis mais fundamentais de um Estado de cidadãos. É o caso de educação pública universal de qualidade; saúde eficiente para todos; segurança razoável; estradas, portos e aeroportos funcionando a contento; e, não menos importante, separação total entre Estado e Igreja.

Panorama 2: dependendo dos rumos que o país tome, a História poderá ser muito diferente, e com ela a leitura da História. O pesquisador constatará que, mais de vinte anos após a redemocratização, o Brasil ainda não aprendeu a separar o público e o privado, numa salada promíscua de corruptos e corruptores passeando de mãos dadas para tristeza de muitos e destruição do tecido moral da nação. Constatará ainda que as escolas continuaram sendo um espaço de reprodução ampliada das desigualdades sociais e não fator democratizante e unificador; que as ruas das cidades ficaram cada vez mais vazias de cidadãos, que em vez de espaços públicos passaram a se refugiar em espaços privados (casas trancadas, condomínios fechados, prédios gradeados) ou de grupos "homogêneos" (shoppings classificados por classe social, clubes, bares, restaurantes); que as diferenças regionais e a pobreza pessoal ainda são combatidas na base de esmolas explícitas ou disfarçadas; que a ideia do trabalho produtivo como caminho para o sucesso profissional não tem como se firmar como ideal num país em que esperteza vale mais do que o mérito e os salários de base são mais insignificantes do que as miseráveis ajudas do poder público.

Nossa História, repito, será contada de maneira diferente em 2030 em função de como ela for construída agora.

Bons motivos
para torcer pelo Brasil

A Copa de 1970 é lembrada como tendo a melhor seleção que o Brasil já formou. No seu livro *As melhores seleções brasileiras de todos os tempos*, o narrador e jornalista Milton Leite acha que ela foi melhor do que a de 1958, em que Pelé despontava e a de 1982, de Telê, com uma das melhores safras de jogadores que o país já produziu (e que perdeu da Itália). O que talvez não tenha ficado na memória coletiva é que muita gente pensou em não torcer para aquela seleção.

Em 1970, o Brasil estava em plena ditadura militar, decorrente do golpe de 1964. Para calar a oposição, os donos do poder promulgavam "atos institucionais", que de institucionais não tinham nada, pois atentavam contra as instituições. Os atos cassavam políticos e não políticos, calavam vozes discordantes, justificavam prisões, debilitavam a oposição, mesmo a consentida. Os professores, principalmente os da área de humanas, tinham dificuldade para ensinar com liberdade, havia o temor de delatores infiltrados entre os alunos e colegas. É verdade que havia até um pouco de paranoia, que atingia, por exemplo, o pobre pipoqueiro que ganhava sua vida honestamente com seu carrinho em frente ao prédio de História e Geografia da USP; mas soube-se, mais tarde, que alguns colegas não tiveram dúvida nenhuma em dar informações (verdadeiras ou não) aos órgãos de segurança sobre atividades supostamente subversivas de seus companheiros de docência.

Montada a seleção para disputar a Copa no México, o governo tratou de faturar com o futebol. Marchinhas sobre a grandeza do nosso país (misturando propositadamente nação e governo, futebol e poder político) foram encomendadas e tocadas até enjoar em rádios e TVs. O discurso oficial, comprado por grande parte da mídia e da classe média, versava sobre o futuro promissor que se abria diante do "milagre econômico brasileiro". Enquanto isso, os porões da ditadura eram ensanguentados com vítimas presas sem mandato, torturadas com dinheiro de empresários que financiavam atividades como a "Operação Bandeirantes". O silêncio e o medo substituíam a liberdade.

Como torcer para uma seleção nessas condições, nos perguntávamos? Muitos de nós decidimos não torcer, simplesmente, já que torcer contra seria impossível. Mas fracassamos em nosso intento. Já na primeira partida, festejamos o primeiro gol com total alegria. Lembro-me de um amigo que dizia acontecer na nossa relação com a seleção o que acontecera entre ele e uma namorada infiel. Ele jurara não mais se aproximar dela, mas não resistira ao primeiro carinho, ao primeiro afago. Discordei. A seleção, disse, não era do governo, de qualquer governo. Por mais que seja manipulada, por mais que as glórias do futebol sejam contabilizadas a favor do poder, a seleção não era do governo, era do povo.

Como já escrevi antes e repito agora, mesmo sendo instrumentalizada pelos governantes, a Copa não merece ser esquecida. Ter um objetivo comum (ser campeões) que une pobres e ricos não é mesmo pouca coisa. Os moradores arrogantes de prédios luxuosos saem do seu mutismo medroso e sorriem para os porteiros. Alguns até fazem um comentário rápido e condescendente sobre nossa última vitória. Mulheres fazem companhia aos seus maridos e descobrem que, sim, é possível ver o mesmo programa, pelo menos uma vez a cada quatro anos.

Imaginar futebol sem briga de torcidas! Com jogadores de boa técnica, bem preparados fisicamente e não aqueles que "sobraram" no Brasil, hoje grande exportador de capital humano em vários setores, inclusive no esportivo.

Quem sabe se com a Copa volta um pouco da nossa suposta cordialidade? É, resta o futebol. O importante é ver todos os jogos do Brasil e torcer muito. E dou uma série de bons argumentos para isso, para quem ainda não se convenceu: melhorar nosso sentimento de pertencer a algo comum a todos, comer pipoca com guaraná, produzir adrenalina e utilizá-la numa boa causa, ver bons espetáculos, abraçar os amigos com vontade, mostrar que somos melhor que os outros em alguma coisa. Não chega?

De resto, perder a Copa não vai nos fazer mais politizados, nem desenvolver nosso espírito crítico. Pelo contrário. Então, que tal fazer uma forcinha para vencê-la? E, é claro, com jogadores e não com guerreiros, pois futebol é festa e não guerra.

Como a política pode provocar retrocessos sociais

Transformada em tema de campanha presidencial, a questão do aborto tem sido objeto das explorações mais vis. Segundo a argumentação de alguns, parece que existem duas correntes antagônicas, os antiaborto e os pró-aborto. Duvido que haja realmente pessoas pró-aborto, principalmente mulheres. Afinal, são elas e não os homens que sofrem esse procedimento invasivo e arriscado; são elas que podem ficar com sequelas físicas e psicológicas, principalmente se o aborto for feito clandestinamente, como se fosse um crime e, muitas vezes, por curiosos não qualificados para uma ação tão delicada. É sabido que mulheres mais ricas podem conseguir clínicas razoáveis, enquanto outras, mais pobres, têm que recorrer aos métodos mais perigosos e abjetos, o que acaba provocando a morte de milhares e deixando graves sequelas em muitas outras.

Não se pode, pois, afirmar que alguém seja pró-aborto. O que não podemos mais é: 1- deixar as mulheres, notadamente as mais pobres, abandonadas; 2- criminalizar um procedimento que cabe ao Estado controlar e assistir; e 3- fingir que o problema não é do âmbito da saúde pública e tentar desviá-lo para o campo das práticas religiosas. Ora, em um país como o nosso, em que a separação entre Estado e Igreja (não só a Católica) já é coisa antiga, em que as mulheres têm direito a votar e ser votadas para todos os cargos, é inaceitável que argumentos de cunho religioso se apresentem como éticos e interfiram na política, esfera da cidadania e não da fé. Antiético mesmo é não se colocar contra o atual massacre a que as mulheres estão submetidas. Mesmo em Portugal e na Itália, países importantes na formação cultural do Brasil, já existe hoje uma legislação mais moderna com relação ao aborto.

É provável que, por todos esses motivos, o PT tenha aprovado em 2007 uma resolução partidária favorável à

> defesa da autodeterminação das mulheres, da descriminalização do aborto e da regulamentação do atendimento a todos os casos no serviço público, evitando, assim, a gravidez não desejada e a morte de centenas de mulheres, na sua maioria pobres e negras, em decorrência do aborto clandestino e da falta de responsabilidade do Estado no atendimento adequado às mulheres que assim optarem.

Essa não é a "opinião de algumas feministas", como afirmam agora certos líderes do PT, provavelmente de olho no voto de determinada parcela de eleitores.

O período destinado à campanha política é uma oportunidade de esclarecer a população e de defender avanços de caráter social. A descriminalização do aborto de pessoas que precisam (ou desejam) submeter-se a ele é um desses avanços. Se a cada campanha política, em nome do pragmatismo eleitoreiro, os políticos fizerem a sociedade retroceder em conquistas importantes, daqui a pouco estaremos apedrejando supostas esposas infiéis, proibindo a pílula anticoncepcional, fazendo campanhas na televisão contra o uso da camisinha, extinguindo o voto feminino (assim como o homossexual, é claro).

Daí a proibir biquínis na praia, shorts na prática esportiva e adotar o véu e a burca é um passo.

É elementar na democracia: se alguém quer praticar uma religião, deve ter o direito de fazê-lo, desde que não interfira na vida do seu concidadão. Se, por motivos rituais, uma pessoa quiser fazer jejum no Ramadã, adquirir apenas alimentos aprovados por um rabino, não comer carne na Sexta-feira Santa, guardar o domingo, o sábado ou a sexta-feira, tudo bem, tudo bonito. Se uma mulher, por razões de consciência, optar por não utilizar a pílula anticoncepcional, é um direito que lhe assiste (embora ela deva ser esclarecida sobre métodos anticoncepcionais). Mas se ela, em função de circunstâncias da vida, optar por um aborto, cabe ao Estado assisti-la.

A questão aqui não é apenas a do aborto em si. É a do súbito surto de religiosidade que ataca os candidatos brasileiros nesta época e que provoca visitas a templos, sinagogas, mesquitas, igrejas e terreiros. E, mais que isso, o problema são as alianças suspeitas celebradas com vistas a um retrocesso nos direitos sociais. Estamos diante de dois candidatos à presidência cujo passado todos conhecem, razão por que a atitude deles nos surpreende. Serra aparece, de repente, fazendo juras de fé mais esperadas num coroinha da Mooca. E Dilma, mesmo respaldada por uma resolução avançada do seu partido, tenta renegá-la com o apoio de alguns caciques do PT, que fazem ginástica semântica para nos informar que o pensamento de "algumas feministas" não está no programa da candidata que, agora, acha mais vantajoso posar de filha de Maria.

190

Leis dos homens contra leis de Deus

Juro que minha intenção era escrever uma ode às mulheres, uma homenagem às mães, irmãs, amigas e, principalmente, namoradas, noivas, amantes e esposas. Não posso, contudo, fugir de repercutir duas notícias assustadoras que vêm de Recife: a primeira é que uma menina de 9 anos, pesando trinta e poucos quilos e medindo 1 metro e 33 centímetros (pequena e mirrada, pois) vinha sendo estuprada pelo padrasto e engravidou de gêmeos. A mãe, com a anuência da menina, autorizou a interrupção da gravidez, procedimento que foi realizado com sucesso, segundo protocolo recomendado pelo Ministério da Saúde em casos de gravidez de risco ou decorrente de violência sexual. O diretor médico do Centro Integrado de Saúde Amaury de Medeiros, da Universidade de Pernambuco, lembra que "a menina se encaixava em ambos os casos".

A segunda notícia, tão estarrecedora quanto a primeira, é que o advogado da Arquidiocese de Olinda e Recife, Mércio Miranda, iria oferecer ao Ministério Público de Pernambuco denúncia contra a mãe da menina por ter autorizado um assassinato.

Sim, senhoras, ninguém leu ou entendeu errado. As mesmas autoridades religiosas que ajudam jovens a se infectarem – e muitos morrerem –, por serem contra a camisinha; as mesmas autoridades religiosas que não conseguem lidar adequadamente com o problema da pedofilia provocada por padres insurgem-se contra norma que o bom senso e a caridade impõem: impedir que uma criança morra por conta de uma gravidez decorrente de violência sexual.

Não é possível que vinte e duas décadas após a Revolução Francesa a separação entre Estado e Igreja (entendida como estrutura de poder de caráter religioso) ainda não tenha se completado.

Já é um absurdo que em países como Israel ainda não haja casamento civil, quando a maioria da população assim o deseja e que em algumas cidades seja impossível tomar um ônibus aos sábados, pois isso implicaria romper o caráter sagrado do Shabat. Numa sociedade democrática seria justo permitir que religiosos não andem de ônibus ou se casem apenas sob bênçãos do ministro de sua religião, mas daí a impor isso aos demais? E não é isso que quer o advogado do arcebispado, impor uma verdade particular a todos?

No mundo islâmico, a mesma coisa. A lei, frequentemente, é a de Deus, segundo o entendimento do que seria a lei de Deus pelos poderosos de plantão. Não há uma justiça laica, do Estado. Leis humanas – e esta é sua grande vantagem – podem e devem ser discutidas, atualizadas. Leis que decorrem do estado de evolução da sociedade, leis que têm historicidade, como devem ser as leis. Já as leis supostamente divinas – permitam-me questionar suas verdadeiras origens – não são leis, são dogmas. E dogmas, por definição, são indiscutíveis. Se Deus disse, o que um simples mortal teria a dizer a Deus?

Alguém poderia alegar que o mundo – pelo menos, as democracias ocidentais – está ficando mais laico, que certas faixas sociais da população já não dão "a mínima" para normas emanadas pelas mais altas autoridades religiosas, que felizmente não se queimam mais "bruxas" por terem um saber desconhecido pelos prelados, que o processo é irreversível etc.

Acho pouco. Acho que as religiões podem e devem ter a liberdade de pregar para as pessoas interessadas, e mesmo assim não devem atrapalhar os vizinhos com ruído inaceitável. Acho que as crianças podem ser orientadas por seus pais para frequentarem escolas dominicais e sabáticas, desde que a comunidade interessada arque com os custos dessa educação religiosa (portanto, sou radicalmente contrário à educação religiosa paga pelo Estado). Acho que cemitérios e hospitais de determinadas religiões podem ter seus símbolos, mas que estes não deveriam estar em espaços dos poderes da República, como se decisões do Judiciário, por exemplo, devessem se submeter a dogmas de fé. Não devem.

Uma vez mais, o ministro da Saúde (de quem, asseguro, não sou correligionário, amigo ou sequer conhecido) dá o exemplo declarando-se chocado com a atitude daqueles que, em nome do poder religioso, tomam atitudes inaceitáveis numa República. Ele está certo. Já é hora de promovermos a separação amigável entre Estado e Religião. Para o bem de todos.

Marola na Ilha de Vera Cruz

Terra da marola (enquanto o mundo enfrenta um tsunami): esta é a imagem neoufanista que tentam nos impingir, por conta de nossa Ilha de Vera Cruz estar supostamente alheia à crise econômica mundial. Real alto (mesmo na casa dos 2 reais por dólar), pleno emprego (para os nossos padrões), muitos jovens trabalhando para poucos idosos inativos, modelo agroexportador vitorioso.

Parece muito bonito, não parece? Contudo, não se pode esquecer que os principais itens de nossa balança comercial são o ferro (não o aço), o petróleo (não refinado), a soja (não a ração pronta), o açúcar (não o combustível processado), a carne bovina e de frango (não processada), o café (que volta para cá nas cápsulas suíças de Nespresso). Por outro lado, importamos peças para veículos, circuitos eletrônicos, medicamentos, equipamentos elétricos, motores para aviação etc. Ou seja, com raras exceções, exportamos produtos em estado bruto ou pouco processados e importamos produtos industrializados.

Claro, pode-se alegar que a população mundial precisa se alimentar, que há um bilhão de famintos no mundo e que ser uma espécie de celeiro do mundo não é má ideia. Ocorre, porém, que produtos industrializados têm maior valor agregado do que os primários e o nosso modelo tem contribuído para o sucateamento de atividades industriais importantes em nosso país, como as do ramo têxtil. Mas não é só isso.

O fato é que, mais por força de circunstâncias internacionais do que por mérito de nossas autoridades econômicas, o Brasil passou alguns anos relativamente bem. José, aquele da Bíblia, já ensinou ao faraó que quando você tem um período de vacas gordas deve economizar para um outro de vacas magras. Para nós, isso teria implicado, além de expandir a base de consumidores, trabalhar adequadamente nossa infraestrutura material e humana. Nossas estradas, salvo as raríssimas em que o pedágio é muito caro, estão sucateadas.

Não se trata de conforto, mas de custo de transportes. O transporte ferroviário regrediu ou se manteve em áreas muito restritas (o minério, particularmente) e o fluvial é incipiente, amador. Nossos portos são mal-aparelhados e têm um custo exorbitante. E, finalmente, mas não por último, não aproveitamos a educação universal para oferecer real oportunidade a todos. A má qualidade do ensino público não prepara adequadamente os alunos de origem humilde a entrar em universidades de primeira linha, a não ser por conta de estímulos e cotas, impedindo uma democratização verdadeira por meio da educação.

A História não resolve tudo, mas sempre pode ajudar. Lembro-me da Argentina em fins do século XIX. Como resultado daquela que chamamos de Guerra do Paraguai (Uruguai, Argentina e Brasil contra o Paraguai), a Argentina "ganhou" algumas terras férteis que foram incorporadas por antigos grandes proprietários rurais e se transformaram em campos de trigo e espaço para a criação de gado. Rapidamente, o país se tornou uma potência exportando o grão e a carne.

Na virada do século e no começo do século XX, a Argentina provocava expressões como *"riche comme un argentin"* na França, referência a essa suposta nobreza proprietária dos campos. Monteiro Lobato, em uma carta, lamenta a situação do Brasil, espremido entre duas potências, os EUA, ao norte, e a Argentina, ao sul. Seria anacrônico comparar situações de países diferentes com mais de um século de distância, mas gostaria de lembrar que o sonho de potência dos argentinos não resistiu ao tempo e às circunstâncias históricas. E o país se dizia o celeiro do mundo...

Moral da história? Fica difícil acreditar em projetos nacionais que não impliquem um investimento maciço em infraestrutura material e, principalmente, humana. Fica difícil acreditar em projetos municipais que não pensem em alternativas viáveis no transporte de massa e na descentralização das atividades econômicas nas grandes metrópoles. Fica difícil acreditar em promessas que não priorizem educação universal de qualidade, para o nível que for (nem todos precisam ir para a universidade; um técnico bem formado vale muito mais do que um diploma de uma escola superior de má qualidade).

Tamas Vasary e o Brasil

Noite de 8 de dezembro, um dos últimos concertos da temporada. Um dos grandes pianistas clássicos, o húngaro Tamas Vasary, regia a Orquestra Sinfônica do Estado de São Paulo e solava um concerto de Mozart. Tudo ia muito bem até que, no último movimento, ele comete um leve engano. Interrompe, recomeça e termina brilhantemente a interpretação. O público aplaude muito, ele agradece, sai de cena, volta, o público continua aplaudindo. É quando aquele velhinho, pequeno e magro, com uma peruca meio acaju mal-ajeitada na cabeça, dirige-se ao público, em inglês, e avisa que vai tocar novamente o terceiro movimento (por sinal, o mais bonito do concerto). E, para espanto e alegria geral, repete o *allegro* inteirinho, só que com brilho ainda maior que da primeira vez. Quando termina, o público, magnetizado, não aplaude apenas: urra, assovia, bate pés, grita "bravo!", e senta-se esperando um novo bis. Vasary volta logo ao palco, não se faz de rogado e inicia, com delicadeza ímpar, os primeiros acordes da *Sonata ao Luar* de Beethoven. As mil e tantas pessoas da plateia sentam-se imediatamente e presenciam uma das interpretações mais emocionantes que aquela sala já testemunhou. O húngaro, generosamente, toca a sonata toda, todos os três movimentos, com um misto de delicadeza e precisão, alegria e introspecção. Dessa vez, quando termina, o público não reage imediatamente: precisa de alguns segundos para conseguir absorver as últimas notas e, só então, quase derruba a Sala São Paulo com uma manifestação raras vezes presenciada por lá. Os próprios músicos da orquestra abandonam seus instrumentos e aplaudem como tietes deslumbradas.

O grande intérprete havia transformado uma noite de boa música em um momento inesquecível. Sua humildade em repetir um movimento inteiro (eu nunca vira isso em nenhuma sala de concertos do mundo), seu compromisso com o público, fizeram-no crescer naturalmente. Não foi seu nome, mas sua atitude, que nos envolveu a todos. Ele não se fez respeitar pelo currículo ou pelo poder que tinha, mas pela sua força moral. Na saída da sala de concertos, não se comentava outra coisa, a não ser o magnetismo daquele homem e seu profundo senso de responsabilidade.

Concerto fantástico, final de ano, Natal, Ano Novo vindo, dólar caindo, talvez fosse o caso de deixar de lado o espírito crítico e fazer previsões otimistas para o nosso futuro. Confesso, porém, ter alguma dificuldade em fazê-lo, mesmo porque vender ilusões não faz parte de minhas atividades. Traficar otimismo é coisa para políticos da situação e consultores irresponsáveis, à cata de clientes. Como ser otimista com um Estado nacional que frequentemente não tem Estado (veja-se os poderes paralelos do banditismo, incluindo o de colarinho branco) e muito menos é nacional. Como ser otimista com uma população que não faz parte da sociedade civil, um legislativo que só tem compromissos com poucos e um executivo que não tem compromisso com ninguém? Como pensar num tecido nacional tramado com uma elite que se tornou arrogante e um povo, que para sobreviver, ficou dissimulado?

Apesar da pressão dos ingleses e das leis, o Brasil manteve a escravidão até quase o século XX. Não porque isso fosse de interesse apenas de meia dúzia de latifundiários, ou de contrabandistas, mas porque o negro escravo, de uso ou de ganho, era uma prática tão espalhada pelo país que não se conseguia mobilizar a sociedade para liquidar a vergonhosa instituição. De tão comum, a escravidão parecia ser normal.

Da mesma forma, a corrupção: num país mais responsável, onde não houvesse a promiscuidade entre os poderes que hoje cultivamos, a simples declaração de que "caixa dois é normal" implicaria cassação de mandatos. A triste verdade é que a corrupção no Brasil não acaba (ou, melhor, não fica em patamares razoáveis) porque nós mesmos não queremos. Até aceitaríamos que "o outro" deixasse de ser corrupto, desde que isso não afetasse nossa forma de nos comportar: compramos e vendemos "sem nota", prestamos e pagamos por serviços "sem recibo", oferecemos e aceitamos um "agradinho" para acelerar a tramitação de processos nas prefeituras, ministérios e secretarias dos governos, empregamos mães, tias, madrinhas, filhos, esposas e amantes com dinheiro público, pedimos e fazemos favores com dinheiro alheio.

Que noite mágica nos proporcionou Tamas Vasary!

FAMÍLIA

Uma ideia que permaneceu
por muito tempo em nossa
sociedade é a de que ser pai
é uma experiência rápida –
alguns minutos, e pronto –,
ao contrário de ser mãe,
que é para sempre.

Aprendendo a ler

Paulista de Sorocaba, filho de imigrantes, desde muito cedo convivi com livros: toda noite, antes de dormir, meus pais liam para mim e para minha irmã, Cecília. Era algo muito afetivo, mas sem condescendência: a leitura era feita em iídiche, essa língua sonora e complexa, com palavras emprestadas do alemão medieval, do polonês e do hebraico, mas com sonoridade e vida próprias. Originária da Alemanha, levada por imigrantes judeus para a Polônia, ainda na Idade Média, a língua foi adquirindo personalidade própria durante os sete séculos decorridos entre sua viagem inicial e a destruição da civilização do judaísmo europeu pelos nazistas.

Mas, para mim, a língua ainda estava muito viva: contos e romances de Isaac Bashevis Singer (que viria a receber o Nobel de literatura pelos seus escritos), pequenas histórias de Sholem Aleichem (*Violinista no telhado*, o musical, foi baseado em um texto seu) e tantos outros povoavam nossa imaginação; o *shtetl* (a pequena cidade, com forte presença judaica, na Europa) e seus personagens (o alfaiate, o cocheiro, o rabino, o leiteiro) pareciam viver conosco na Sorocaba de então.

Coexistiam pacificamente, aos meus olhos, uma língua culta, essa dos livros dos meus pais, e uma vulgar, a que eu falava com meus amigos de rua, lá no Além Linha, pertinho das oficinas da Estrada de Ferro Sorocabana. Enquanto meu amigo Neu (estranhei quando descobri que era um diminutivo de Irineu. Neu era Neu, oras) caprichava no "nóis vai, nóis fica", nos erres moles, no descompromisso com concordâncias, eu ouvia meus pais preocupados em pronunciar o iídiche "culto, lituano", evitando trocar os ós por ús (família deveria se pronunciar *mishpoche* e não *mishpuche*), os ús por ís (inteligente era *klug* e não *klig*). Eles abominavam aquilo que chamavam de iídiche vulgar.

Mas minha iniciação literária não havia terminado. Na verdade, ela mal havia começado. A loja do meu pai, em prédio alugado à Sociedade Beneficente 25 de Julho, tinha uma porta que a ligava a uma biblioteca de propriedade da instituição locadora. Por algum motivo, a biblioteca estava desativada. Livros e mais livros jaziam, silentes, nas prateleiras, sem esperança de serem manuseados, quanto mais lidos. Minha irmã, dois anos mais velha (eu tinha 5 anos), já estava na escola e era louca por livros. Nunca retirou um deles do recinto: instalava-se lá, por horas, para ler com calma. Eu a acompanhava e exigia que ela lesse em voz alta as histórias de fadas e de dragões, de aventuras emocionantes e cavaleiros destemidos. Ela se sentava em um banquinho e eu, feito papagaio de pirata, ficava atrás, de pé, acompanhando a leitura, linha por linha. Às vezes, pedia para ela repetir a frase, para que eu pudesse fixar as letras e as palavras, o que nem sempre ela fazia com boa vontade. Quando me dei conta, estava lendo sozinho. Ia buscar na banca "da linha", ao lado da porteira da via férrea, o jornal *A Gazeta*, que meu tio (que morava conosco) comprava diariamente. Voltava com o jornal aberto, lendo notícias, algumas das quais me lembro até hoje.

Quando, alguns meses depois, fui colocado na escola de alfabetização de dona Zizi, era tarde demais. Os cartõezinhos com "nenê, asa, bola, cesta, coração", que devíamos colocar numa cartela com as mesmas palavras escritas com a letra caprichada da professora, não

FAMÍLIA

passavam de brincadeira de criança para mim: eu já estava irreme-
diavelmente alfabetizado e irreversivelmente louco por livros. Passei a
fazer minhas próprias incursões à biblioteca da "25 de Julho", discutia
as histórias com minha irmã, que até parou de me chamar de "bebê",
ao menos por um tempo (quando adolescentes, ela quase mulher com
14 anos, eu uma criança de 12, o apelido voltou).

Dona Zizi nos corrigia com enérgica suavidade. Não deveríamos
dizer, insistia ela, "nóis vai, nóis fica" e sim "nós vamos e nós ficamos". Intrigado, fiquei dividido entre a lealdade que devia ao Neu,
ao Zezé e a todos da turma da rua, de um lado, e a posição da professora, de outro.

Perguntei à minha mãe como devia lidar com o assunto, já que
a molecada achava estranha aquela língua que agora eu aprendia na
escola e nos livros. Dona Luiza (assim minha mãe era conhecida) foi
breve e clara: "aprenda o que te ensinam na escola, para você ser alguém; mas fale a língua dos seus amigos, para você não perdê-los".

Tenho a sensação de que Dona Luiza, minha mãe, foi a verdadeira
criadora da Sociolinguística...

Meu pai, se me permitem

Abrahão Pinsky nasceu em 1910, no que era a Polônia, e foi trazido ainda criança ao Brasil por seus pais, indo morar na região de Passo Fundo, no norte do Rio Grande do Sul. De tradição agrária, os Pinsky começaram a plantar trigo, obtendo excelente produção. Contudo, a política de preços do governo brasileiro privilegiava, então, o produto importado, levando à bancarrota os que teimavam em produzir o trigo em nossas terras. A família passa a plantar alfafa e amendoim, o que, no mercado, apenas dava para a subsistência do pai, da mãe e dos seis filhos.

Abrahão, o caçula, sai então do Rio Grande e da agricultura e vai para São Paulo tentar a sorte. A escolha de Sorocaba se dá por razões fortuitas: um conhecido seu era comerciante no local. Sorocaba é, nessa época, uma cidade industrial que se caracteriza também por um comércio de produtos importados, destinados aos ricos do lugar – casimira inglesa, linho irlandês, seda italiana, porcelana chinesa, rendas espanholas etc. O grande contingente de operários não encontra uma rede comercial que lhe atendesse.

Os mascates ocupam esse espaço. Com pequenos pacotes, iam de casa em casa para oferecer roupas, cobertores, toalhas, produtos da ainda pouco desenvolvida indústria nacional, aos operários que poderiam pagar em 8, 10 ou 15 parcelas. O risco de crédito era grande, não havia fichas cadastrais, fiadores ou garantias. Havia, em troca, a honestidade do trabalhador, que, na imensa maioria das vezes, pagava pontualmente. O mascate, caminhando muitos quilômetros todos os dias em ruas sem calçamento, debaixo de chuva ou do sol, com barro ou com poeira, desempenhava função social primordial: distribuindo produtos a brasileiros, promovia o desenvolvimento da indústria nacional; atendendo ao operário, integrava-o, como consumidor, no processo de circulação de mercadorias.

Abrahão Pinsky foi um desses mascates. Mesma labuta, mesmo empenho, mesmo papel social de tantos outros, judeus e árabes, principalmente.

Em algo, contudo, foi diferente. Assim que reuniu algum dinheiro, em vez de, como tantos outros, abrir uma loja no "centro", preferiu instalar-se num bairro operário. Alugou da Sociedade Beneficente 25 de Julho seu salão, na rua Hermelino Matarazzo, perto das oficinas da Estrada de Ferro Sorocabana, a poucas quadras da Fábrica Santo Antônio e no caminho da Fábrica Santa Rosália. Em 1950, tendo que entregar o prédio à locadora, comprou o terreno contíguo e construiu um sobrado – loja embaixo, residência em cima, como se fazia na época.

A "loja do Abrahão" (ninguém a conhecia pelo nome oficial: Casa de Móveis Record) era muito mais que um estabelecimento comercial. Os fregueses se reuniam para falar dos problemas de serviço, de família, das alegrias e das tristezas. Havia sempre um tabuleiro de damas, uma garrafa de água gelada, um cafezinho recém-passado e meia dúzia de cadeiras para que as pessoas pudessem se sentar.

A clientela da loja era cativa e a relação comerciante/freguês de caráter pré-capitalista. "Freguês velho que não paga é porque não pode", dizia "seu" Abrahão. Nem nos períodos de inflação galopante a loja tomou caráter muito empresarial. O dono da loja não trocava os amigos por um possível lucro.

Nunca enriqueceu.

Orgulhava-se do Brasil e de Sorocaba. Preferia um prato de feijão com arroz à melhor comida tradicional de sua terra de origem. Quando algum jovem, percebendo seu sotaque, lhe perguntava de onde viera, dizia ser brasileiro e "mais brasileiro que você, rapaz, já estou aqui há mais de trinta anos..."

Teve quatro filhos. Todos estudaram em escolas públicas locais. Teve onze netos: professores, engenheiros, administradores, jornalistas. Morreu muito jovem, com 59 anos, em 1970.

De certa forma, Abrahão Pinsky foi um homem do passado. Nunca viajou de avião. Mal conheceu a TV em cores. Computador e internet, nem pensar. Cadastro de clientes, então, para quê? Mesmo assim (e talvez por isso mesmo), ele ainda é muito lembrado, dando nome a uma rua da cidade, perto do Horto Florestal.

Considerava o acesso à cultura um direito e um dever de todos. Lia sempre antes de dormir. Achava que a educação dos filhos não podia ser terceirizada. Relacionava-se com as pessoas não pelo que elas possuíam, mas pelo que eram. Sentia-se mais à vontade com os humildes do que com os poderosos. Dinheiro para ele era objeto de troca, não de adoração.

Não sei bem por que, pensei que alguns leitores gostariam de conhecê-lo.

Histórias de família

Boris casou-se com uma irmã mais velha da minha mãe, daí ter-se tornado tio Boris. Meus pais sempre lembravam que ele era apenas um "tio de respeito", não um tio autêntico. Ao contrário dos parentes "legítimos" obcecados pelo trabalho e espartanos nos hábitos, ele era chegado numa cervejinha, em comidas diferentes e num jogo de pôquer. E mais, fumava muito. Cigarro sem filtro, coisa da época. E sempre fiel à marca, Continental, então preferência nacional, como dizia a propaganda.

Bigode tipo mexicano caindo pelos lados da boca, pernas finas, ventre pronunciado, fala lenta, sotaque italiano do Bom Retiro "de baixo", meu tio tinha, no bairro em que morava, uma oficina mecânica especializada em conserto de máquinas de confecção de malhas. Quando uma quebrava em plena estação, os malharistas (judeus, gregos, árabes; os coreanos ainda não tinham chegado) pagavam qualquer coisa desde que pudessem contar com a máquina de volta.

A oficina cresceu, tio Boris arranjou um sócio, contratou meia dúzia de funcionários, alugou um espaço em plena rua da Graça, no meio das malharias. Os negócios iam bem e, embora a graxa não saísse totalmente de suas unhas, eu identificava cada vez menos o cheiro do óleo solúvel, usado na usinagem das peças metálicas, no corpo do meu tio. Agora ele já encontrava mais tempo para conquistar clientes no café da esquina, deixando o sócio e os funcionários cuidando do dia a dia da oficina. Tio Boris tomava muito café. E fumava muito, cada vez mais.

Quando os médicos diagnosticaram o câncer no pulmão, não havia mais muito a fazer. Como eles diziam, era abrir e fechar. Avisado pelas primas, fui visitá-lo. Ele estava reduzido à metade e mal falava. Como nos filmes, pediu para que eu me aproximasse e balbuciou: "Foi o cigarro, Jaime, foi o cigarro. Para mim é tarde, mas você deve parar de fumar". Ao sair para a rua, deparei com um garoto de 14 ou 15 anos que me pediu um cigarro. Tirei o maço do bolso da camisa, mais da metade dos cigarros estava lá. Torci maço e cigarros com as duas mãos e detonei tudo, antes de jogar no lixo. O garoto xingou minha mãe, mas não me importei. Tio Boris morreu alguns dias depois. Eu nunca mais fumei.

Tia Ana era uma das minhas três tias Anas. Uma era casada com meu tio mais velho, criou quatro filhos homens e me chamava de Záimele (diminutivo judaico de Jaime, mas trocando o J que não conseguia pronunciar pelo Z). Outra era irmã da minha mãe, morava em Porto Alegre e só tinha existência real quando mandávamos cartões de festas ou recebíamos fotos de seus filhos, muito mais velhos do que eu. Mas a "verdadeira" tia Ana era a irmã mais velha do meu pai, viúva, dois filhos, mandona, moradora do Bom Retiro, então centro da comunidade judaica de São Paulo.

Tia Ana não era de falar muito, mas quando abria a boca era para dar a última palavra. Não era de proferir discursos, odiava frases prolixas. Na verdade, ela sentenciava. Um sobrinho dela, primo meu, jovem de 20 e poucos anos, dizia que ganhava bem, mas que trabalhava muito. Era comerciante de joias, ramo em que a credibilidade é fundamental: tinha que estar disponível quando o cliente queria comprar uma joia e exigia que meu primo aparecesse em sua casa ou negócio a qualquer hora do dia ou da noite. Todos em volta da mesa tinham alguma solução para os problemas dele, menos minha tia Ana. Quando lhe perguntaram como resolver a situação, ela, simplesmente, proferiu: "Tudo não dá". E não se tocou mais no assunto.

Um outro primo mudou-se para Higienópolis. Saiu de uma casa "de vila" escura e úmida e foi com a esposa e a filha pequena para um apartamento grande, iluminado e novo no bairro próximo e mais rico. Perguntaram-lhe se havia se acostumado ao novo bairro, ao novo lar; ele que sempre havia morado no velho bairro judaico do Bom Retiro, uma espécie de *shtetl* da Europa Oriental incrustada em São Paulo. O primo começou a dissertar que, apesar de estar longe dos parentes e dos amigos, para sua surpresa, havia se acostumado rapidamente com o novo lar. Tia Ana resmungou, alto o suficiente para que todos ouvissem: "Para melhor, é fácil". Também dessa vez, o assunto terminou.

Um pouco obesa e hipertensa desde muito cedo, tia Ana parecia destinada a ter vida curta. Chegou a 80 anos, lúcida. Quando já estava bem doente, fui visitá-la e, bobamente, tentei animá-la dizendo que ainda ia viver muito. Ela olhou para mim fixamente e só murmurou, sintética como sempre: "Agora chega". Morreu alguns dias depois.

A arte de ser pai

Uma ideia que permaneceu por muito tempo em nossa sociedade é a de que ser pai é uma experiência rápida – alguns minutos, e pronto –, ao contrário de ser mãe, que é para sempre. Existe também o contrário, mães que o são por apenas noves meses e pais que chegam a lamentar sua incapacidade para aleitar. Embora seja bonitinho ver um grandalhão desajeitado lidar com fraldas e banhos, a arte de ser pai vai um pouco além de oferecer shows para a sogra.

A proximidade da mãe com a criança – necessária, durante certo tempo, excessiva e até prejudicial, se sem medida – acaba por desgastá-la como autoridade e exemplo, papéis que podem e devem ser ocupados pelo pai. Ser pai é, por exemplo, escolher um bom time de futebol para o filho torcer, um desses que possa dar mais alegrias do que tristeza. É ensinar a diferença entre seriedade e sisudez, a primeira fundamental para a formação do caráter, a segunda condição essencial para o surgimento do chato, essa praga social.

Ser pai é avisar os filhos de que a vida ativa é prazerosa, mas a vida interior também existe: significa, na prática, ensinar a importância da leitura e de passeios de moto até o Morumbi, para ver jogos do tricolor paulista, ou até o Guarujá, numa Hondinha de 125 cilindradas, para uma aventura de um dia. É levar o filho para passear pela História, mas também passear um dia sozinho com ele numa viagem pioneira para o Rio de Janeiro, com direito a Pão de Açúcar e praia.

Ser pai é saber perder no jogo de xadrez para estimular o filho, mas também ganhar dele para que aprenda a ser competitivo. É comprar pebolim (ou totó) e transformar o garoto em craque, em vez de levar o filho ao psicólogo para tratar de supostos problemas motores. É chegar do interior cansado, encher a perua de mantimentos e partir para casa da praia, mas também ensinar os pirralhos a limpar peixe e ajudar com a louça. É saber quando a vontade de criticar deve ser superada pela necessidade do elogio, que é um colo metafórico. É saber quando a vontade de oferecer um colo metafórico deve ser superada pela necessidade de mostrar as falhas, para que essas possam ser vencidas.

Ser pai é fazer as contas direito, para que o filho aprenda a fazer as contas e a ser direito. Mas é também fazer as contas erradas, a favor dele, pois pai é sempre pai.

Ser pai é se emocionar com o filho desde que ele é bebê, mas é ter a capacidade e o amor para continuar se emocionando quando ele já for menino, garoto e adulto. É poder continuar gostando sempre dos desenhos que ele traz no Dia dos Pais, da escola. É ter uma pasta para esconder esses desenhos, olhá-los de vez em quando. E saber esconder a lágrima teimosa que insiste em rolar dos olhos ao constatar que o filho continua desenhando bem, nos novos papéis que agora usa.

Certo, ser pai é prover. Certo, ser pai é acompanhar os filhos na escola. Certo, ser pai é achar que nenhum namorado(a), noivo(a) ou marido (esposa) escolhido pelos filhos é digno deles – a não ser os atuais, é claro, porque isto também é ser pai. Ser pai, enfim, é atuar no estreito espaço que fica entre a interferência e o distanciamento, entre voluntarismo e omissão.

213

Talvez por considerarem já ter encerrado sua tarefa, talvez por serem tratados como presenças incômodas, muitos pais se afastam dos filhos quando estes crescem. Quem faz isso, qualquer que seja o motivo, perde muito. Por mais que ame os meus netos, nunca substituí meus filhos por eles. No meu coração, há espaço bastante para todos. Por outro lado, eu sei o que é perder um pai aos 30 anos de idade. Ele faz muita falta. Enfim, ser pai é cozinhar com carinho para os filhos. E é não falar demais antes da comida, senão ela esfria...

De pais e de filhos

Para muitos, ser pai se resume no ato biológico, completado em poucos minutos, nove meses antes do nascimento da criança. São muito frequentes em nosso país homens que espalham, generosamente, sua semente por todo lado, no maior número possível de mulheres e, quais borboletas distraídas, abandonam a flor fertilizada em troca de outra ainda intocada.

Para outros, assumir a paternidade é "colaborar" na alimentação do filho. A partir de uma declaração de imposto de renda que omite suas principais fontes, ele negocia em juízo para pagar o mínimo possível de pensão alimentar, seja para o filho de uma ex-esposa, seja para o fruto de uma aventura ocasional (ocasional para ele, é claro, não para a mãe ou para o filho).

Há os que vão um pouco além, tornando-se provedores de seus rebentos. Responsáveis, mas distantes, outorgam à mãe as obrigações relativas à saúde, educação, transmissão de valores. Colocam-se na velha posição de patriarcas ("eu sou a referência da família", alardeava um desses suseranos sem terra), achando-se no direito (e no dever) de cobrar a mulher por descaminhos ou simples escorregões de comportamento do moleque. "Afinal", diz ele, "estou pagando tudo, tenho o direito de exigir as coisas do meu jeito". Esse tipo de pai, na prática, delega à mãe a criação dos filhos. Isso quando ela também não os abandona, terceirizando sua educação a babás, escolas, cursos disto e daquilo. E dá-lhe aulas de inglês, natação, judô, guitarra, dá-lhe *personal trainer* porque a garota de 11 anos está um pouco acima do peso, dá-lhe psicólogo porque o menino está muito agressivo, professor particular de Matemática para que o rebento não vá para recuperação e assim por diante. Esse tipo de pai (e algumas mães também, não custa lembrar) não tem tempo para sentar com a criança, falar com calma sobre problemas de vida ou de Matemática. Preza o "seu" tempo, "seu" trabalho, "sua" privacidade e acredita compensar a falta de afeto com bens materiais. Quando viaja, traz sempre uma lembrancinha, geralmente eletrônica, sempre impessoal. O quarto do filho fica abarrotado com geringonças eletrônicas "da hora" e o garoto passa a acreditar que amar é fornecer bens materiais. É treinado na convicção de que afeto se compra e reproduzirá essa distorção nas suas relações com amigos e namoradas. Desde jovem, fala com o pai na herança, na sucessão da empresa. Acha "natural" que sua relação com o pai seja apenas a preocupação em preservar a fortuna do "velho". Afinal, foi ele quem lhe passou essa leitura de mundo.

Não me esqueci de outro tipo de pai, aquele que troca fraldas, dá papinha, brinca de mocinho e bandido, até lê historinhas em livros infantis. Só não suporta que o filho cresça. Estranha ter participado da concepção de um ser que não é a mera continuação dele, mas que ousa ter ideias próprias. Pior, embora o respeite, o filho acha que há gente mais formidável do que o pai em várias atividades da vida. Assim, quando o filho cresce, ele se retrai, passa a falar pouco, se volta para atividades profissionais ou de voluntariado e não demonstra nenhum interesse real por aquilo que o filho faz. É o típico pai de criança pequena, uma espécie de déspota semiesclarecido, que só brinca se suas regras forem utilizadas sem questionamento. Ele perde a imensa oportunidade de interagir com adultos inteligentes e sensíveis (seus filhos!) por não conseguir estabelecer relações horizontais, apenas verticais, do tipo "eu mando, você obedece". Quando o filho sai de casa (para estudar, para constituir sua própria família), o "pai de criança pequena" não o procura e, não fosse pela esposa, sequer receberia, desinteressado, informações sobre seu filho, antes tão querido. Em uma sociedade como a nossa, tão marcada pela escravidão e pelo patriarcalismo, só muito lentamente os pais percebem a maravilha que é conviver com os filhos por várias décadas, vibrar com suas conquistas, sofrer com seus fracassos, convidar os pimpolhos já crescidos para almoçar e preparar sozinho a comida para todo o bando (afinal, genros, noras e netos foram agregados à família). A massa pode não sair *al dente*, como deveria, o robalo pode ter passado do ponto, o vinho chileno pode não ser nenhuma preciosidade, mas a turma toda sentada em volta de uma mesa, conversando animadamente, um ambiente pleno de afeto e de cumplicidade, valem mais do que tudo.

Créditos dos artigos

Os textos integrantes deste livro foram, em suas versões originais, publicados nos periódicos abaixo relacionados:

CAPÍTULO 1 - HISTÓRIA
Por que gostamos de História? *Correio Braziliense*, 27 de janeiro de 2013.
A hora e a vez da História. *História Viva*, 1º de fevereiro de 2004.
Por uma História das mulheres. *Correio Braziliense*, 12 de março de 2006.
Público e privado. *Correio Braziliense*, 11 de janeiro de 2009.
O fanatismo na História. *Jornal da Unesp*, 2 de agosto de 2004.
Infância, adolescência e lei. *Correio Braziliense*, 23 de agosto de 2009.
Notícias de jornal. *Correio Braziliense*, 17 de março de 2011.
Como furtar a História dos outros. *Correio Braziliense*, 27 de julho de 2008.
De heróis e de História. *Correio Braziliense*, 2 de maio de 2004.
Povos felizes não precisam de heróis. *Correio Braziliense*, 14 de junho de 2009.
História e memória na literatura. *Correio Braziliense*, 11 de agosto de 2005.
A Segunda Guerra Mundial e os historiadores. *Correio Braziliense*, 14 de novembro de 2010.

CAPÍTULO 2 - CULTURA
Cultura oral, cultura escrita. *Correio Braziliense*, 3 de outubro de 2004.
Nuca e a cultura brasileira. *Correio Braziliense*, 12 de novembro de 2006.
Lá vai o Brasil, subindo a ladeira. *Correio Braziliense*, 8 de janeiro de 2012.
Vale a pena ver museus? *Correio Braziliense*, 18 de setembro de 2005.
Buscando o sentido das coisas. *Correio Braziliense*, 8 de abril de 2012.
Mamãe merece mais. *Correio Braziliense*, 12 de maio de 2006.

CAPÍTULO 3 - MUNDO
Um mundo sem nações? *Correio Braziliense*, 13 de fevereiro de 2005.
O caráter das nações. *Correio Braziliense*, 10 de outubro de 2011.
Identidade nacional num mundo globalizado. *Correio Braziliense*, 1º de agosto de 2004.
Texas e Nova York. *Folha de S.Paulo*, 8 de novembro de 2004.
Queremos gostar de você, Obama. *Correio Braziliense*, 9 de novembro de 2008.
Espalhando o vírus da paz. *Correio Braziliense*, 21 de março de 2010.

CAPÍTULO 4 – POVOS E NAÇÕES

Adivinhar o futuro. *Correio Braziliense*, 12 de fevereiro de 2006.

Da França, com inveja. *Correio Braziliense*, 15 de agosto de 2010.

Da Itália, com carinho. *Correio Braziliense*, 12 de agosto de 2012.

Os russos, além da vã política. *Correio Braziliense*, 11 de março de 2012.

Para onde vai o Egito? *Correio Braziliense*, 13 de fevereiro de 2011.

A Líbia e a "primavera" árabe. *Correio Braziliense*, 11 de setembro de 2011.

CAPÍTULO 5 – COTIDIANO

Nossas cidades, nossos espelhos. *Correio Braziliense*, 12 de dezembro de 2004.

Senhores prefeitos, mãos à obra. *Correio Braziliense*, 12 de dezembro de 2004.

Corruptos Anônimos. *Correio Braziliense*, 11 de janeiro de 2010.

O fim do Natal? *Correio Braziliense*, 25 de dezembro de 2012.

Negro, mas com carinho. *Correio Braziliense*, 17 de abril de 2005.

Politicamente incorreto. *Correio Braziliense*, 8 de maio de 2005.

O macho tem futuro? *Revista Um*, 1º de fevereiro de 2006.

São Paulo, cidade nacional. *Folha de S.Paulo*, 31 de janeiro de 2013.

A reconciliação necessária. *Correio Braziliense*, 16 de setembro de 2012.

CAPÍTULO 6 – EDUCAÇÃO

O Japão não é aqui. *Correio Braziliense*, 17 de setembro de 2006.

A escola que queremos. *Correio Braziliense*, 10 de dezembro de 2006.

Educação em tempos de crise. *Correio Braziliense*, 12 de outubro de 2008.

O novo papel do professor. *Correio Braziliense*, 13 de maio de 2007.

Como melhorar o ensino no Brasil. *Correio Braziliense*, 19 de setembro de 2010.

CAPÍTULO 7 – BRASIL

Brasil, o país do presente? *Correio Braziliense*, 16 de junho de 2008.

Um deserto de cana. *Correio Braziliense*, 17 de março de 2007.

Rasputins do cerrado. *Correio Braziliense*, 19 de junho de 2005.

Sobre poder e corrupção. *Correio Braziliense*, 10 de julho de 2005.

Sobre público e privado. *Correio Braziliense*, 4 de abril de 2006.

O Brasil em 2030. *Correio Braziliense*, 11 de novembro de 2007.

Bons motivos para torcer pelo Brasil. *Correio Braziliense*, 13 de junho de 2010.

Como a política pode provocar retrocessos sociais. *Correio Braziliense*, 10 de outubro de 2010.

Leis dos homens contra leis de Deus. *Correio Braziliense*, 8 de março de 2009.

Marola na Ilha de Vera Cruz. *Correio Braziliense*, 16 de junho de 2012.

Tamas Vasary e o Brasil. *Correio Braziliense*, 11 de dezembro de 2005.

CAPÍTULO 8 – FAMÍLIA

Aprendendo a ler. *Correio Braziliense*, 13 de novembro de 2011.

Meu pai, se me permitem. *Correio Braziliense*, 8 de março de 2008.

História de família. *Correio Braziliense*, 8 de novembro de 2009.

A arte de ser pai. *Correio Braziliense*, 14 de outubro de 2007.

De pais e de filhos. *Correio Braziliense*, 14 de agosto de 2011.

O autor

JAIME PINSKY

Aprendi a ler muito cedo, com minha irmã e com Dona Zizi. Desde então não parei mais. Com a leitura veio o hábito de escrever. Como intelectual público, preocupado com a circulação do saber, tenho feito numerosas palestras no exterior e no Brasil, em universidades e fora delas.

Iniciei minha carreira acadêmica em Assis, onde a Faculdade de Filosofia (hoje da Unesp) estava montando o curso de História. Fui para lá assim que me formei e lá permaneci por seis anos. Lecionei ainda nos cursos de História e Letras da USP e na Unicamp, da qual saí aposentado como professor titular. Doutorado e livre-docência fiz na USP.

Como editor, comecei na adolescência dirigindo o jornal estudantil *União e Cultura*, do Colégio do Estado, em Sorocaba, e logo depois fundei *A Luta Estudantil*. Mais tarde, faria parte das equipes que criaram as revistas *Anais de História* (em Assis), *Debate & Crítica*, *Contexto* (com os sociólogos Florestan Fernandes e José de Souza Martins) e *Religião e Sociedade* (com Rubens César Fernandes e Rubem Alves). Colaborei com várias editoras (como a Global e a Atual), criei e dirigi por quase cinco anos a Editora da Unicamp e, com a colaboração de importante grupo de colegas intelectuais, fundei a Editora Contexto.

Tenho mais de vinte livros publicados, a maioria dos quais ainda em circulação. Fico feliz quando vejo textos meus caírem em vestibulares e concursos públicos, tanto em questões de História, quanto nas de Língua Portuguesa. A gente escreve mesmo é para ser lido...

GRÁFICA PAYM
Tel. (11) 4392-3344
paym@terra.com.br